20 MANERAS DE HACER QUE CADA DÍA SEA MEJOR

20 MANERAS DE HACER QUE CADA DÍA SEA MEJOR

JOYCE MEYER

FaithWords

NEW YORK · BOSTON · NASHVILLE

FaithWords
Hachette Book Group
1290 Avenue of the Americas
New York, NY 10104
www.faithwords.com

Impreso en los Estados Unidos de América

LSC-C

Primera edición: Abril 2017
12 11 10 9 8 7 6 5 4 3 2 1

FaithWords es una división de Hachette Book Group, Inc.
El nombre y el logotipo de FaithWords son una
marca registrada de Hachette Book Group, Inc.

International Standard Book Number: 978-1-4555-6004-2

Yo he venido para que tengan vida, y para que la tengan en abundancia.

TABLA DE CONTENIDO

SECCIÓN 4: Antes de que sea demasiado tarde

"Solo estoy teniendo un mal día".

No puedo decirle cuántas veces he escuchado a la gente murmurando esas palabras (o me las he dicho yo misma). El tránsito está pesado, derramó su café antes de dar el primer sorbo, los niños la están enloqueciendo, el grifo de la cocina gotea, su jefe está de mal humor y, de nuevo, el carro está haciendo ruidos raros. ¡Solo es un mal día!

Aunque no hay muchos días donde todas esas cosas suceden al mismo tiempo (a Dios gracias), ambos sabemos que cualquiera de esos desafíos puede poner a prueba nuestro temperamento, contaminar nuestra perspectiva o robar nuestro gozo. Muchísimas veces, lo catalogamos como un "mal día" y nos damos por vencidos hasta mañana. *Mañana será mejor,* es nuestra esperanza, cuando de manera subconsciente ondeamos una bandera blanca acerca del hoy.

Pero el problema con "los días malos" es que tienden a apilarse, ¿lo ha notado? Un mal día se convierte en una mala semana. Una mala semana se convierte un mal mes. Y antes de que se dé cuenta, un mal mes se convierte en un mal año. Muchos de nosotros pasamos la última semana de cada diciembre diciendo exactamente lo mismo: "¡Ya quiero que este año se termine!".

Bueno, si puede identificarse con eso, si alguna vez se ha dado por vencido en el *hoy,* esperando por el *mañana,* escribí este libro para usted. Mire, no creo, ni por un momento, que deba ir por la vida siendo presa de sus circunstancias. No importa lo que suceda a su alrededor, si ha aceptado a Jesucristo como su Salvador, tiene el Espíritu de Dios *dentro* de usted. Paz, amor, fortaleza, paciencia...todo le pertenece en

Cristo. Su esperanza y felicidad no depende del mundo, la Biblia dice que *"mayor (más poderoso) es el que está en vosotros, que el que está en el mundo"* (1 Juan 4:4).

Por supuesto habrá días difíciles cuando las cosas no vayan según lo planeado. Todos sabemos cómo es lidiar con dificultades a lo largo del día. Algunas veces son leves (la entrevista salió mal, el bebé está dentando, se cortó al rasurarse) y, algunas veces, es algo más serio (le despiden del trabajo, el doctor ordena una tomografía computarizada, el matrimonio tiene problemas). Sin embargo, *cualquier* desafío que traiga cada día, no tiene que dejar que esos retos determinen su actitud en la vida. ¡Hay cosas que usted puede hacer para que su día sea mejor!

Llueva o salga el sol, informe bueno o malo, rodeado de amigos o solo, en lo alto de la montaña o abajo, en el valle, usted puede disfrutar cada día de esta vida que Dios le ha dado. No se trata de lo que sucede a su alrededor... ¡se trata de lo que está sucediendo dentro de usted! Su decisión de cómo reaccionar ante las circunstancias es mucho más importante que la circunstancia en sí. Me emociona decirle que usted no tiene que conformarse con un día malo; ¡hay muchas cosas que puede elegir hacer, que mejorarán su día! A mí no me gusta la sensación de ser incapaz, y creo que a usted tampoco; por lo tanto, entender que tengo elecciones disponibles que pueden mejorar mi día es muy alentador para mí, y espero que también sea alentador para usted.

En mis más de cuarenta años de ministerio, he notado que la mayoría de la gente no se da cuenta de que vive muy lejos de lo mejor de Dios. Se han conformado con "suficientemente bueno" y "Oh, bueno, podría ser peor", sin darse cuenta que la voluntad de Dios para su vida es mejorar cada vez; su brillo *"va aumentando en resplandor hasta que es pleno día"* (Proverbios 4:18).

¿Es ese usted? ¿Es posible que haya acampado en la tierra de "tratando de pasar el día", cuando Dios quiere que se mude a la tierra de "disfrutando verdaderamente cada día"? Si no está seguro, permítame formular algunas preguntas que podrían ayudarle:

- Cada día, ¿está su felicidad determinada por factores externos como: La forma en que le tratan sus compañeros de trabajo? ¿El tipo de humor que tenga su esposo? ¿Los desafíos u obstáculos que surjan de improviso? ¿O incluso el clima?
- ¿Se siente algunas veces como si estuviera en una montaña rusa emocional, contento un día, pero desanimado al siguiente?
- ¿Alguna vez se ha sentido intimidado por el día o la semana que viene, preguntándose qué podría salir mal?
- ¿Está su vida—matrimonio, carrera, familia, relaciones—medio buena, pero le gustaría que estuviera mucho mejor?
- ¿A veces siente envidia de la vida que otra persona tiene?
- ¿Se ha conformado mucho antes de alcanzar su meta inicial?

Si ha respondido *sí* aun a una de estas preguntas, me da mucho gusto que haya escogido este libro, por dos razones: (1) Sé cuán frustrante pueden ser esos sentimientos (créame, a mí también me ha pasado), y (2) Yo sé cuán libertador puede ser cuando aprende a maximizar cada día y a disfrutar lo mejor de Dios. ¡Y eso es lo que creo que Dios va a hacer por usted!

Mire, sé que Dios tiene algo profundamente mejor para su vida. Y que a medida que usted y yo vayamos por estas páginas juntos, creo que Dios va a animarle, instruirle e inspirarle para ver y experimentar una vida mejor.

La verdad es, Dios quiere que disfrute su vida *todos los días*. No solo de vez en cuando. No cuando el aire está limpio y los pájaros cantan. Y no solamente los fines de semana o las vacaciones. Cada día es un nuevo día con Dios de su lado...y es una nueva oportunidad para disfrutar la vida única, maravillosa y llena de destino que Él le ha dado.

Uno de mis versículos favoritos en la Biblia es Juan 10:10, porque en este versículo Jesús promete: *"Yo he venido para que tengan vida, y para que la tengan en abundancia"*. Esta es una escritura que cambia su vida, que inspira esperanza, porque nos dice claramente que Dios no solo quiere que estemos vivos, sino que Él quiere que disfrutemos el gozo de estar vivos. Él quiere que vivamos con gozo abundante y rebosante.

Mi pasión como maestra de la Palabra de Dios es ayudarle a aprender cómo vivir la vida que Jesús vino a darle. Por eso es que hemos titulado nuestro programa de televisión *Disfrutando la vida diaria* y esa es la razón por la que estoy muy emocionada por este libro. He dividido *20 maneras de hacer que cada día sea mejor* en cuatro secciones de igual importancia: "Cuando despierta", "Nuevos pasos a tomar", "Romper patrones" y "Antes de que sea demasiado tarde". Estas secciones tienen la intención de acompañarlo sistemáticamente a lo largo de su día y de mostrarle lo que la Palabra de Dios enseña acerca de hacer que ese día—y todos los días—cuenten. Creo que puede abrir cualquier capítulo, en cualquier momento, y aplicar el principio en ese capítulo para que su día mejore inmediatamente.

Entonces, si está listo para experimentar un nuevo nivel de gozo, contentamiento y emoción en su vida, prepárese. Este es un libro lleno de instrucción bíblica, aplicación práctica, historias inspiradoras y observaciones útiles. Cuando terminemos este tiempo juntos, creo que va a tener las herramientas que necesita para que cada día de su vida sea mejor. Y en lugar de murmurar: "Solo estoy pasando un mal día", usted esté gritando: "¡Estoy pasando *otro* día maravilloso con Dios!

SECCIÓN I

Cuando despierte

Oh Jehová, de mañana oirás mi voz; De mañana me presentaré delante de ti, y esperaré.

Salmo 5:3

CAPÍTULO 1

Tenga una conversación con Dios

*Ser un cristiano sin oración es tan imposible como
estar vivo sin respirar.*

—Martín Lutero

Los cimientos son importantes. Y son importantes por esta sencilla razón: Un cimiento determina cuán grande, cuán fuerte y cuán exitoso puede ser algo.

Por ejemplo, si usted tuviera la oportunidad de construir la casa de sus sueños—con una habitación para cada uno de sus hijos, varias habitaciones de huéspedes para que sus amigos y familiares pudieran visitarle, mucho espacio para hacer fiestas, una cocina lo suficientemente amplia para que la familia se reúna a conversar mientras usted cocina, y, lo más importante, armarios muy, muy grandes—usted tendrá que poner un cimiento lo suficientemente grande como para soportar una casa de ese tamaño.

Primero lo primero. El terreno tiene que ser nivelado con anticipación, determinar las dimensiones exactas de la casa, toda la plomería tiene que ser colocada y se debe echar y evaluar el concreto. ¿Y adivine qué? ¡Todo esto tiene que suceder antes de que pueda ver y disfrutar su casa nueva!

Bueno, lo mismo que se hace para construir la casa de sus sueños, funciona para construir la vida de sus sueños. La manera en que empieza cada

> *La manera en que empieza cada día (los cimientos que pone) determinará cuánto disfrutará y cuán exitoso será su día.*

día (los cimientos que pone) determinará cuánto disfrutará y cuán exitoso será su día. No puede esperar que tenga un día lleno de gozo, optimismo, oportunidades y progreso personal si no se ha dado el cimiento correcto.

Si despierta gruñendo y quejándose, ya se ha predispuesto para el fracaso. Si empieza su mañana intimidado por las tareas que tiene por delante, es mucho más difícil triunfar. Si se queda en la cama durante mucho tiempo y tiene que empezar el día corriendo por todas partes, tratando frenéticamente de vestirse y estar listo para salir, probablemente se va a sentir estresado y retrasado todo el día. Los cimientos son importantes.

Por eso es que el primer capítulo de este libro es "Tenga una conversación con Dios". Es el cimiento para este libro...y puede ser el cimiento para su día. Y créame cuando digo: Una conversación con Dios cada mañana ¡es el mejor cimiento que puede poner! De hecho, he descubierto en mi propia vida que la única manera en que puedo tener un buen día es si he dedicado tiempo para tener una conversación con Dios antes de empezar a tratar de "hacer" cualquier otra cosa. Tome un tiempo para "estar" con Dios, antes de tratar de "hacer" lo que se necesita ese día. Eso es la oración, ¡una conversación con Dios! Es una conversación cómoda (no pretenciosa) entre dos amigos.

Los evangelios nos dicen mucho acerca de los milagros, las enseñanzas y el corazón de Jesús, pero no nos dan muchos detalles acerca de su horario. Sin embargo, Marcos 1:35 es una excepción. Este versículo de las Escrituras dice: *Levantándose muy de mañana, siendo aún muy oscuro, salió y se fue a un lugar desierto, y allí oraba.* ¡Qué escritura tan importante! Es un vistazo en la vida de Jesús. Jesús pasó tiempo en la mañana a solas con Dios y orando. No puedo evitar pensar que, si para Jesús era así de importante empezar su día conversando con Dios, ¡también debería ser importante para nosotros!

¡Espere! Antes de que me diga que usted no es una persona "mañanera", déjeme decir, sencillamente, que si usted pasa aunque sea unos minutos conversando con Dios antes de empezar cualquier otra cosa, eso traerá gran bendición al resto de su día. Luego, si necesita más tiempo para despertar, o si prefiere las noches para su "tiempo con Dios", está bien; pero, por lo menos, ¡empiece con Dios! Hágale saber que lo quiere y que necesita de Él y de su dirección y ayuda para su día y para cada cosa que haga a lo largo del mismo.

Hable con Dios

Creo que algunas personas no empiezan su día hablando con Dios porque no se dan cuenta que es un gran honor y privilegio estar invitado a hacerlo.

Estoy usando la terminología "hablar con Dios" y "tener una conversación con Dios" en este capítulo deliberadamente, en lugar de la palabra "oración" exclusivamente, ya que de eso se trata la oración. Creo que con mucha frecuencia escuchamos que necesitamos orar y quizá tendemos a espiritualizar la idea más de lo debido, y terminamos viéndolo como un trabajo o una obligación en lugar de un honor. No tiene que ser elocuente, ni siquiera necesariamente larga, pero tratar de vivir sin ella es una tontería. Es pedir a Dios que supla su necesidad o la de alguien más. Es alabarlo y agradecerle. Se trata de someter las cosas a Él y compartir honestamente sus preocupaciones y temores con Él. No hay ningún tema fuera de límites con Dios; usted puede hablarle acerca de cualquier cosa sin temor a ser malinterpretado, juzgado, criticado o reprochado por sus faltas.

Cuando hablamos con Dios, le abrimos la puerta para

que entre en nuestro día, problemas y situaciones, y hacer lo que nosotros no podemos hacer solos. En realidad, estamos invitando al poder de Dios en nuestra vida. Hablar con Dios acerca de su vida no cambia sus circunstancias de inmediato, pero sí cambia algo en usted y le da la fortaleza que necesita para avanzar en su día con una sonrisa en el rostro. Le ayuda a creer que no está solo, y eso es importante para todos nosotros.

Cuando ora por los demás, eso los cambia. Usualmente, no tenemos éxito en cambiar a las personas, aunque ellos necesitan ser cambiados, pero Dios es muy bueno en eso. Recientemente, leí algo que fue muy interesante para mí. Cuando oramos por otras personas, Dios pone pensamientos en su mente, ¡pensamientos que ellos no habrían tenido de otra manera! Podrían empezar a desear un cambio en su comportamiento o elecciones y ni siquiera darse cuenta que es Dios guiándolos. Cuando tratamos de convencer a la gente de cambiar, o tratamos de obligarlos a cambiar, ellos se molestan con nosotros y muchas veces llegan a estar más determinados que nunca en quedarse como están. Cuando Dios habla con alguien, Él es mucho más persuasivo que nosotros.

En 1967, cuando Dave y yo nos casamos, yo tenía muchos problemas en mi alma y comportamiento debido al pasado de abuso que tuve que soportar. Dave no se había dado cuenta de cuán serios eran mis problemas o de que los tenía. Como muchas personas que se casan, sabíamos poco el uno del otro cuando dijimos "sí, acepto". Afortunadamente, Dave era un hombre que entendía el poder de la oración, y en lugar de tratar de convencerme de cambiar mis actitudes y mi comportamiento, ¡él hablaba de mí con Dios! Él me confrontaba de vez en cuando acerca de mi temperamento o egoísmo, pero principalmente era un buen ejemplo y confiaba en que Dios haría lo necesario.

Él ha mencionado que, a veces, se sentía tan desanimado que salía a dar un paseo y simplemente lloraba por la situación. Él no sabía qué hacer, pero confiaba que Dios sí, así que seguía creyendo y hablando con Dios. Él le pidió a Dios no solo que me cambiara, sino que lo ayudara a él a ser paciente y a no rendirse.

No luche y termine frustrado por tratar de hacer que sucedan las cosas que solo Dios puede hacer. Invítelo en cada área de su vida y véalo obrar. No solo sugiero que tenga una conversación con Dios en la mañana, sino que continúe hablando con Él a lo largo del día. Mientras más hable con Él, mejor será su día.

Escuche la voz de Dios

Ya que una conversación incluye hablar y escuchar, quiero animarle a creer que usted puede escuchar a Dios, así como hablar con Él. Hay mucha gente que no está segura de si Dios en realidad les habla a las personas. Muchos creen que lo hizo en los tiempos de la Biblia, pero dudan de si Él todavía habla hoy. Y debido a esa incertidumbre, se preguntan:

- ¿Está Dios verdaderamente interesado en mi vida?
- ¿Se preocupa de los pequeños detalles y quiere involucrarse?
- ¿Puedo pedirle a Dios que me ayude después de todo lo que he hecho mal?

Me alegra contarle que, por la Palabra de Dios y mi experiencia personal, así como la de otros, Dios habla y Él, definitivamente, le hablará; pero para oír, usted tiene que estar atento.

Cuando era una creyente joven, asistí a la iglesia durante años sin saber que Dios le hablaba a la gente. Sinceramente amaba a Jesús, observaba todos los reglamentos y las festividades religiosas e iba a la iglesia todos los domingos. Estaba haciendo todo lo que sabía hacer en ese tiempo. Sin embargo, no era suficiente para satisfacer mi anhelo de Dios. No importaba a cuántos servicios de la iglesia asistiera, eso no satisfacía la sed que tenía por una relación más profunda con el Señor. Necesitaba hablar con Él acerca de mi pasado y escucharlo hablarme de mi futuro. Sin embargo, en ese tiempo, nadie me enseñó que Dios quiere estar íntimamente involucrado en los detalles de nuestra vida, y que Él nos habla de muchas maneras diferentes. Nadie ofreció una solución por los sentimientos insatisfechos en mi vida.

A través del estudio de la Palabra de Dios, aprendí que Él sí quiere hablarnos y que sí tiene un plan para nuestra vida que nos guiará a un lugar de paz y contentamiento. Empecé a ver que una relación con Dios era más que hacer lo correcto y asistir a los eventos adecuados. Mi relación con Dios era profundamente personal. Y la comunicación es parte importante de cualquier relación personal. Creo que es justo decir que la buena comunicación ¡es la base de una buena relación!

> La buena comunicación es la base de una buena relación.

No solo podía hablar con Dios acerca de todo lo que estaba atravesando, sino que podía escuchar y esperar que Él me hablara de la manera que Él deseara. Y lo mismo es cierto para usted. Si quiere ver que su vida mejore, es esencial que crea que Dios le hablará y que aprenda las formas en que Él lo hace.

Cuando hablo acerca de escuchar la voz de Dios, la gente pregunta con frecuencia: "Joyce, ¿cómo podemos escuchar a Dios? ¿Nos habla de manera audible?". Bueno, Dios definitivamente *puede* hablarnos audiblemente si así lo desea (la Biblia da ejemplos de ello), pero más constantemente, Dios nos habla de otras formas. Permítame mostrarle algunas de las formas en que Dios le habla:

Dios le hablará a través de su Palabra.

La manera número uno en que Dios nos habla es a través de su Palabra. Por eso es muy importante que no solo lea la Biblia, sino que también la estudie. Instrucción, promesas, esperanza, dirección, ejemplos, ¡todo está allí! Si quiere escuchar la voz de Dios, le animo a dedicar un tiempo en la Palabra cada día. ¡Todo lo que la Biblia dice es la Palabra de Dios para usted! Sí, es para todos; sin embargo, le animo a que lo tome como una carta personal específicamente para usted. Cuando la lea, crea que es Dios hablando directamente con usted, acerca de la voluntad de Él para su vida.

Dios le hablará a través de paz interior.

Si le está pidiendo a Dios que le ayude a tomar una decisión, ¿cuál es la opción que le da más paz? Muchas veces, esta paz es la que le está diciendo qué dirección tomar. La paz siempre acompaña la instrucción de Dios para su vida.

Dios le hablará a través de la sabiduría y el sentido común.

Una de las maneras más prácticas de escuchar a Dios es a través de la sabiduría y el sentido común. La sabiduría discierne la verdad en una situación, mientras que el sentido común da buen juicio en cuanto a lo que debe hacerse acerca de la verdad. Yo considero sobrenatural a la sabiduría porque no es enseñada por el hombre, sino que es un don de Dios.

Dios le hablará a través de una voz interior, suave y tierna.

Cuando nacemos de nuevo, recibimos vida en nuestro espíritu para ser sensibles a la voz de Dios. Escuchamos su susurro y sentimos su toque, aunque no podamos decir de dónde viene. Él nos guía desde lo profundo de nuestro corazón. Nos redarguye, corrige y dirige por medio de una voz quieta y suave que se escucha en nuestro espíritu.

Muchas veces me refiero a esto como un "conocimiento" profundo en mi interior. Sencillamente sabemos lo que es correcto. Sentimos una certeza que no viene de nuestra mente, sino de un lugar más profundo en nosotros.

Hay otras formas en las que Dios puede hablarnos, también. Él habla por medio de otras personas, por medio de la naturaleza, por medio de la convicción personal, por medio de nuestros pensamientos, por medio de las cosas naturales que suceden alrededor nuestro, por medio de las circunstancias, por medio de sermones, canciones de adoración, libros con base bíblica; estas son solo algunas de las otras formas en que Dios habla con sus hijos. La Biblia también muestra que, a veces, Él habla a través de sueños y visiones. Todas estas formas en que Dios habla, deben concordar con su Palabra escrita. Si la Palabra de Dios (la Biblia) no nos da instrucciones exactas acerca de algo, todavía podemos encontrar entre sus páginas la naturaleza de Dios y saber eso nos faculta para discernir entre un mensaje de Dios y uno que podría no provenir de Dios.

Una calle de dos vías

Como puede ver, tener una conversación con Dios es una calle de dos vías. No es solo decirle a Dios todo lo que usted necesita, y no es solo sentarse en silencio esperando que algo suceda. La oración se trata de hablar y, luego, escuchar mientras hace lo que tiene que hacer en el día. Y, sencillamente, al igual que cualquier otra relación, hablar y escuchar es crucial si quieren ser más cercanos.

Empezamos nuestro recorrido hablando y, luego, escuchando y estando atentos para que Dios hable. Quizá Él no le conteste tan pronto como lo hace la gente, pero Él dará a conocer su voluntad a su debido tiempo. Recientemente escuché a un poderoso hombre de Dios decir que aprendemos a escuchar a Dios cuando cometemos errores. Dios no requiere que lo entendamos a la perfección la primera vez. Si su corazón está bien y usted verdaderamente quiere la dirección de Dios, Él seguirá enseñándole hasta que llegue el día cuando alguien podría preguntarle: "¿cómo puedo escuchar a Dios?", y usted podrá enseñarle y darle lo que ha aprendido a través de los años.

Quiero concluir este capítulo recomendándole fuertemente que en cualquier momento del día, si hay algo que parezca estar drenando su energía o gozo y provocándola a decir: "Me alegraré cuando este día termine", o "este sencillamente no es un buen día", deténgase allí mismo y hable con Dios acerca de lo que le está robando el buen día que Dios quiere que tenga. Puede hablarle en cualquier momento, en cualquier lugar, acerca de cualquier cosa, ¡Él está escuchando!

Lo que debe recordar:

- Lo mismo que funciona para construir la casa de sus sueños, funciona para edificar la vida de sus sueños. La forma en que empiece cada día (los cimientos que pone) determinará cuán lleno de gozo y éxito va a tener su día.

- Cuando hable con Dios, debería ser algo natural. Él es su amigo y está interesado en todo lo que se refiere a usted.
- Dios aún habla hoy…y ¡quiere hablarle!
- Tener una conversación con Dios es una calle de dos vías. No es solo decirle a Dios todo lo que necesita, y no es solo sentarse en silencio esperando a que algo suceda. Se trata de hablar y escuchar.

Sugerencias para poner en práctica "Tener una conversación con Dios"

- Mañana en la mañana, sírvase una taza de café (o lo que desee tomar) y dedique un tiempo a hablar con Dios hasta que termine lo que esté tomando.

- Hable con Dios de la misma forma en que le hablaría a un amigo. Haga preguntas, comparta sus frustraciones, sea total y completamente honesto.

- Sea paciente consigo mismo mientras aprende cómo escuchar a Dios y cómo oír de Él. No se sienta derrotado si comete un error. Somos sus hijos y a los hijos siempre nos toma un tiempo aprender algo nuevo.

- Antes de irse a dormir, dedique un tiempo para reflexionar en su día. Cuando lo haga, muchas veces podrá ver en retrospectiva cómo Dios le habló y le guio durante el día. Podría darse cuenta de que algo que pensó que era una *coincidencia* o una *circunstancia afortunada*, en realidad era Dios hablando.

CAPÍTULO 2

Sueñe en grande

*Aférrese a sus sueños, pues si mueren, la vida es
un ave con alas rotas que no se puede elevar.*
—Langston Hughes

Un amigo me contó, recientemente, acerca de una
conversación que tuvo con un grupo de niños. Sus sobrinas
habían llegado a jugar con sus hijos, así que los llevó a de-
sayunar solo para sacar de la casa al grupo bullicioso. Mientras comían donas, les preguntó a los niños de edad escolar,
"¿Qué quieren ser cuando sean grandes?". Sin dudarlo, los
niños empezaron a darle sus respuestas emocionadamente.
¡Mi sueño es ser veterinario! ¡Mi sueño es ser programador
de videos! ¡Mi sueño es ser líder de adoración! ¡Un jugador
de hockey! ¡Una enfermera!

Mi amigo me dijo: "Joyce, no fueron las profesiones lo que
me llamó la atención sino la forma en que empezó cada respuesta: 'Mi sueño es ser un...'". Él no les había preguntado
acerca de su sueño; él preguntó qué era lo que ellos querían
ser. Sin embargo, en un estilo muy infantil, cada niño habló
maravillado acerca de su "sueño".

Cuando escuché esta historia, no pude más que pensar
acerca de cómo Dios no animaba a ser como niños (vea
Mateo 18:3). Su fe, su sentido de asombro, su optimismo y
su capacidad para soñar: qué maravilloso tener esos rasgos.
Los niños no tienen miedo al fracaso ni se agobian por la
duda. Es exactamente lo opuesto. ¡Tienen esperanza y se
emocionan por su futuro!

Creo que una de las mejores cosas que podemos hacer para que nuestro día sea mejor es empezar a soñar de nuevo. Soñar acerca de lo que puede deparar el futuro. Soñar acerca de qué cosas nuevas podemos lograr con la ayuda de Dios.

> *Una de las mejores cosas que podemos hacer para que nuestro día sea mejor es empezar a soñar de nuevo.*

Soñar acerca de las cosas emocionantes, llenas de aventura que Dios tiene reservadas para nuestra vida. Tenga presente que no estoy hablando de un pensamiento de deseo o de soñar despierto de lo que pudo haber sido la vida. Le estoy animando a hacer mucho más: tener sueños para su vida grandes, atrevidos, llenos de fe. Su Palabra dice que Él puede hacer mucho más de lo que jamás podamos imaginar o soñar (vea Efesios 3:20).

Fije metas diarias

Fijar metas diarias nos ayuda a ver cómo se hacen realidad los sueños audaces. Eso se debe a que los sueños se realizan un paso a la vez…una decisión a la vez…un objetivo a la vez.

Imagine por un momento que es un arquero olímpico de clase mundial. Ha practicado durante años, perfeccionando su destreza. Cuando frente a usted hay un arco en su mano y un blanco, no hay nadie mejor que usted. Le ha dedicado tiempo. Ha practicado por años y años. Y ahora tiene una oportunidad para mostrar su talento en el escenario del mundo. Es un arquero experto, el mejor del mundo; ¡la medalla de oro está a su alcance!

Pero cuando sale a competir, las cámaras se enfocan en usted, la esperanza que su país tiene de obtener una medalla de oro olímpica descansa sobre sus hombros, se presenta un problema inesperado…no hay blanco. Tiene el arco en una mano y una flecha lista en la otra, pero no tiene a qué tirarle. Desconcertado, les informa a los jueces: "Ah, disculpen, no hay diana. ¿A qué debo dispararle?". Pero el panel de jueces olímpicos solo se encoge de hombros desapasionadamente. "Dispare a lo que quiera", le dicen. "La diana no es realmente necesaria".

No queriendo defraudar a los millones de personas viendo por televisión ni enfadar a los jueces asignados a su deporte, jala la flecha, y con los músculos tensos y su corazón latiendo fuerte, lanza la flecha...al vacío. No hay blanco. No hay medición para el éxito. No tiene idea de si se desempeñó bien o mal. ¿Qué acaba de suceder?

Obviamente, el escenario antes mencionado es bastante absurdo. Ningún atleta participaría en una competencia donde no hubiera manera para medir el éxito. Si no hay objetivo, si no hay blanco, participar sería una pérdida de tiempo. Para lograr algo, se debe fijar un objetivo.

Le cuento esa historia porque estoy sorprendida ante la cantidad de gente que empieza su día sin objetivos. Se levantan en la mañana sin un plan para su día. En lugar de establecer objetivos y cosas que les gustaría lograr antes de que el día termine, simplemente flotan sin rumbo a lo largo del día. Como un arquero que no tiene diana, no tiene a qué disparar; así que no saben si va ganando o perdiendo, triunfando o fracasando. No es de asombrarse de que no disfruten su día...o su vida.

Los objetivos son esenciales. No tiene caso y es hasta frustrante tener un sueño grande para su vida, o aun un sueño pequeño para el día, sin fijar objetivos sobre cómo espera verlos convertirse en realidad. Cuando fija cosas delante de usted que le gustaría lograr, le da una sensación de propósito e intencionalidad en su día. No tiene que ser nada grande; aun algo pequeño como limpiar cierta habitación de la casa, leer un capítulo o dos de un libro, programar una cita que ha estado postergando; todo objetivo es una tarea que vale la pena. Generalmente, fijo objetivos y los escribo en mi diario cada mañana, y con mucha frecuencia tengo más objetivos de los que podré cumplir, pero nunca permito que eso me moleste. Hago lo que puedo y luego vuelvo a empezar al día siguiente.

Creo que muchas veces la gente experimenta "días malos", sencillamente porque no están haciendo nada que les dé una sensación de satisfacción. Dios nos ha creado de tal manera para que nunca podamos estar satisfechos internamente con vidas improductivas. Cualquier día que me sienta sin propósito es un día que no disfruto. Aun si me propongo descansar todo el día, ¡por lo menos conozco mi propósito!

Cuando fija un objetivo y procede con un propósito, también le sucederán cosas buenas. Quizá no sepa cómo va a resultar todo. Quizá no tenga todas las respuestas para el día venidero. Pero si fija un objetivo (o dos, o tres), se sorprenderá de cuán útil puede ser mejorar su perspectiva de lo que le depara el día.

Como presidenta de un ministerio mundial, fijar y cumplir objetivos es crucial para mí. Por un lado, los objetivos me impiden agobiarme por el volumen de las cosas que deben hacerse cada día. Fijar objetivos es como fijar límites sobre las cosas, de manera que no sintamos que tenemos que hacer todo lo que se necesita de una sola vez. Además, sería muy fácil distraerme si no tuviera objetivos; los objetivos me mantienen concentrada y me ayudan a priorizar mi tiempo. Cada vez que completo una tarea que me he propuesto hacer ese día, tengo una sensación de logro, y ese sentimiento es en sí una recompensa.

Lo mismo puede sucederle. Ya sea un padre o madre que se queda en casa, un empleado de tiempo completo, estudiante, propietario de un negocio o voluntario, fijar objetivos puede mantenerle alerta y concentrado a lo largo del día, puede ayudarle a sentirse más entusiasmado por su día. Aquellos que no tienen dirección en su vida, raramente se sienten entusiasmados, pues es difícil sentirse apasionados y entusiasmados ¡por nada!

Trabaje para alcanzar su sueño

John Maxwell dice: "Un sueño, sin una actitud positiva, resulta en alguien que sueña despierto. Una actitud positiva sin un sueño, resulta en una persona agradable que no puede progresar. Un sueño con una actitud positiva, resulta en una persona con posibilidades y potencial ilimitados". Me encanta esta cita porque es tan cierta. Una cosa es tener un sueño, pero para que se haga realidad, usted debe dar pasos de acción que lo acompañen. Y uno de esos pasos es tener la actitud correcta.

Estoy segura de que ha escuchado la vieja expresión: *Su actitud determina su altitud.* Bueno, esta expresión es popular por una razón... ¡es absolutamente, cien por ciento, correcta! Usted nunca va a tener confianza en sí mismo, triunfar, ser una persona feliz con una actitud agria, derrotista e incierta. Sencillamente no funciona así. Entonces, el primer paso a dar para hacer realidad cualquier sueño: una carrera, obtener un título, un matrimonio más fuerte, grandes cosas para sus hijos, es ajustar su actitud. Cuando esté tentado a pensar: *va a ser muy difícil. Probablemente fracase. Estoy muy viejo para empezar de nuevo*, recuérdese a sí mismo que su actitud determina su altitud.

- En vez de: *no puedo*... elija pensar, ¡todo lo puedo en Cristo! (vea Filipenses 4:13)
- En vez de: *es imposible*... elija pensar, ¡Nada es imposible para Dios! (vea Mateo 19:26)

- En vez de: ¿Qué tal si no funciona?…elija pensar, ¡¿Qué tal si sí funciona?! (vea Hebreos 11:1)

Cuando cambia su actitud de pesimismo a optimismo, de temor a fe, da primeros pasos importantes para ver su sueño convertirse en realidad.

> *Cuando cambia su actitud de pesimismo a optimismo, de temor a fe, da primeros pasos importantes para ver su sueño convertirse en realidad.*

También hay otros pasos que deberá dar. Cuando tiene un sueño, hay trabajo por hacer. Tendrá que planificar. Habrá sacrificios que probablemente tenga que hacer. Necesitará perseverar en días cuando todo en usted quiere rendirse. Dicho de otra forma, cada vez que usted persigue un sueño que Dios puso en su corazón, prepárese para hacer todo lo que esté a su alcance para que suceda. Y estas son las verdaderas buenas noticias: Cuando su poder parece insuficiente, el poder de Dios se hace cargo del resto. Si usted hace su parte, Dios es siempre fiel para hacer la suya. No se rinda cuando se sienta muy débil o incapaz; en 2 Corintios 12:9 Dios promete: *"Bástate mi gracia; porque mi poder se perfecciona en la debilidad"*.

Cuando empecé a ministrar, soñaba con toda la gente que podría ayudar al enseñarles la Palabra de Dios, pero no sucedió de un día para otro. Y no sucedió sin mucho trabajo. Dave y yo hicimos muchos sacrificios. Hubo muchas reuniones donde la asistencia era decepcionante. Y hubo muchas veces cuando nos preguntábamos de dónde iba a salir del dinero que necesitábamos. Sin embargo, en vez de ceder ante del desánimo y la desesperación (y, créanme, eso habría sido bastante fácil de hacer), continuamos. Trabajamos duro haciendo todo lo que podíamos para obedecer lo que sabíamos que Dios había puesto en nuestro corazón…y Dios hizo lo que nosotros no podíamos. En los días que sentíamos rendirnos, una carta alentadora llegaba en el correo. Cuando parecía como si estuviéramos totalmente sin dinero, llegaba un regalo financiero inesperado. Cuando la puerta de un ministerio se cerraba, una puerta mejor se abría. Una y otra vez, la gracia de Dios fue suficiente.

Lo mismo es cierto para usted. Claro, hay trabajo que hacer para ver que ese sueño suceda, y probablemente tomará más tiempo de lo que esperaba. Sin embargo, usted nunca está solo. Dios está con usted, y Él promete darle la fortaleza que necesita. Si le ha entregado ese sueño a Dios, y si está dispuesto a hacer su parte para que se haga realidad, Dios se presentará y hará lo que usted no puede hacer por sí solo. Esa es la gracia, el favor inmerecido de Dios, y es el poder de Dios para hacer fácilmente lo que usted jamás habría podido hacer por sí mismo. Así que cuando se sienta débil o inseguro, eso no es algo malo. Recuerde, la gracia de Dios es suficiente para usted, y ¡la fortaleza de Él se perfecciona en su debilidad!

> *Si le ha entregado ese sueño a Dios, y si está dispuesto a hacer su parte para que se haga realidad, Dios se presentará y hará lo que usted no puede hacer por sí solo.*

Dé vida a sus sueños

Dios no es un Dios inactivo. Él nunca cambia, pero siempre está en movimiento. Dios quiere que nosotros estemos en movimiento, también. Nos ha creado para tener objetivos y sueños, para ser lo mejor que podamos para su gloria. Cuando Dios le da un sueño, es muy parecido a quedar embarazada: concibe (piensa o imagina) una visión para "lo nuevo" que Él ha planeado para usted. Ahora tiene que pasar el embarazo y llegar a término para dar a luz el cumplimiento de ese sueño (vea Isaías 43:19).

Eclesiastés 5:3 dice: *"Porque de la mucha ocupación viene el sueño"*. Estoy segura que esa es la razón por la que mucha gente renuncia a sus sueños en algún punto del camino. Cuando se dan cuenta que requerirá esfuerzo, será costoso e incómodo completar su preparación para el alumbramiento de ese sueño, concluyen que, después de todo, no era realmente la voluntad de Dios y se van a hacer algo más. Quiero motivarlo a que continúe durante la parte difícil, porque si se rinde, nunca estará completamente satisfecho. Dios no nos facilita todo en la vida, pues crecemos en la lucha. La fe se vuelve más fuerte a medida que se nos requiere usarla.

Así que, ¿cómo atravesamos la preparación con éxito y damos a luz los sueños que Dios nos ha dado? A continuación, hay tres claves para ayudarle a llegar allí.

1. Crea que Dios está trabajando... y manténgase espiritualmente activo.

Cualquiera que sea el sueño que Dios ha puesto en su corazón, permanezca en fe, creyendo que Él puede hacerlo realidad. Cada día, mientras persigue la promesa que Él le

> Cada día, mientras persigue la promesa que Él le ha dado, habitúese a decir: "¡Dios está trabajando!".

ha dado, habitúese a decir: "¡Dios está trabajando!". Quizá usted no sepa todos los detalles de cómo va a funcionar, pero está bien. Dios conoce del principio al fin (vea Isaías 46:10). Él está a cargo, y ¡Él puede hacer que suceda!

Resista la trampa de caer en una actitud pasiva que dice: "Bueno, ya veremos qué pasa". Usted no fue creado para ser una persona pasiva del tipo "ya veremos qué pasa". En vez de eso, puede estar espiritualmente activo, aun cuando sienta que está en una época de esperar en Dios. Orando, creyendo, haciendo declaraciones de fe, buscando la dirección de Dios; todos estos son pasos de acción. Y esos pasos de acción ofrecen una gran recompensa. David dijo en Salmos 27:13 *"Hubiera yo desmayado, si no creyese que veré la bondad de Jehová en la tierra de los vivientes".*

La verdadera espera en Dios nunca es un lugar pasivo, estático, donde usted no hace absolutamente nada. Puede ser que esté esperando físicamente, pero puede estar activo espiritualmente, buscando la dirección de Dios, creyendo y confiando en Él, y recordando sus sueños en su mente, a diario y de manera activa.

2. Niéguese a renunciar.

Es fácil empezar un proceso, o tener un sueño, pero es mucho más difícil hacer que suceda. Por eso, mucha gente vive con mucho menos que lo óptimo de Dios. Empiezan a obedecer a Dios, o empiezan a avanzar en dirección a su sueño, pero cuando los tiempos se ponen difíciles o cuando se cansan de esperar, dan la vuelta y corren en otra dirección.

Hoy quiero motivarlo a continuar. Que las circunstancias que lo hacen parecer imposible no lo detengan. No les ponga atención a los "amigos" o familiares que le dicen que estaría mejor si no se ilusionara. Los sueños nunca se alcanzan sin luchar. Si determinara ser una persona que sigue avanzando, aún si es solo un pequeño paso al día, usted experimentará un nivel totalmente nuevo de gozo cuando ese sueño se haga realidad. ¡Siga adelante! ¡Continúe! ¡Niéguese a renunciar!

> Los sueños nunca se alcanzan sin luchar.

3. Esté consciente de que su sueño se trata de mucho más que usted.

Muchas veces, la gente sueña cosas solo para sí misma, lo que quiere obtener de la vida, o lo que más le conviene. Sin embargo, Jesús, nuestro ejemplo de vida, dio su vida para beneficio de los demás. Poco antes de ser crucificado, Él oró a su Padre: *"no se haga mi voluntad, sino [siempre] la tuya"* (Lucas 22:42, corchetes añadidos). Todo lo que Jesús hizo, lo hizo por nosotros.

Para vivir en verdad el sueño que Dios tiene para nosotros, necesitamos tener un tipo de actitud de "no se haga mi voluntad, sino [siempre] la tuya". Cuando sometemos nuestro sueño a Dios, preguntando qué es lo que Él quiere hacer en nosotros y por medio de nosotros, allí es cuando nuestros sueños se vuelven más grandes de lo que hayamos imaginado. El plan de Dios para su vida no es algo a lo que deba temerle. Él quiere mejores cosas para usted de lo que usted alguna vez querría para sí mismo. Así que pídale un sueño que no solo bendiga su vida, sino la vida de otros también.

Bienvenido al club

La Biblia está llena de sueños grandes y de soñadores audaces. Por supuesto, sabemos que en muchas ocasiones Dios habló a hombres y mujeres a través de sueños, literalmente; sin embargo, me gusta pensar en los sueños que los héroes de la Biblia deben haber llevado en su corazón:

- Después de ser ungido por Samuel, y mientras cuidaba las ovejas de su padre, David debe haber soñado acerca de cómo sería ser rey.
- Mientras vestía una túnica de muchos colores, José debe haber soñado acerca del significado del favor sobre su vida.
- Embarazada con el Mesías escogido, María debe haber soñado acerca del gozo de la maternidad futura.
- Navegando de una ciudad a otra, Pablo debe haber soñado en lo que se convertiría la iglesia primitiva.

Tener sueños grandes es parte de nuestro ADN espiritual. Está arraigado en la esperanza y es alimentado por la fe. Dios no solo *nos permite* soñar…Él nos creó para soñar, y para soñar en grande, pensar en grande, imaginar en grande y hacer grandes planes. Cuando usted empiece a hacerlo, añadirá emoción a cualquier día.

> *Dios no solo **nos permite** soñar…Él nos creó para soñar.*

Así que permítame motivarlo: Atrévase a soñar. Soñar acerca de a dónde puede llevarlo Dios. Soñar acerca de lo que Dios puede enseñarle. Soñar acerca de cómo Dios puede cambiar su situación. Soñar acerca de cuán alto puede ir y a cuánta gente puede ayudar. Si empieza a soñar, su gozo incrementará. Y si está preocupado de que soñar en grande pueda ser muy difícil, le garantizo, que no lo es…hasta los niños pueden hacerlo.

Lo que debe recordar

- Nunca es demasiado viejo para tener un sueño en su vida. Permítase tener optimismo por el futuro, como un niño.
- Hay pasos de acción que tomar para hacer realidad un sueño. No se estanque, deseando pasivamente que las cosas sucedan. Esté dispuesto a hacer el esfuerzo necesario.
- Para tener éxito, es crucial tener un objetivo, un blanco a qué apuntarle.
- Una gran parte de hacer un sueño realidad es, sencillamente, negarse a renunciar antes de lograrlo.
- La Biblia está llena de hombres y mujeres que tuvieron sueños grandes para Dios. Siga su ejemplo y sueñe en lo que Dios puede hacer en su vida.

Sugerencias para poner en práctica "Soñar en grande"

- Escriba su sueño (o sueños) y colóquelo en un lugar visible en su casa u oficina, en donde lo pueda ver todos los días.

- Siga pasos de acción . . . incluso si son pequeños. Haga algo para hacer que su sueño avance. Llame y pida información acerca del curso que quiere recibir. Lea un libro que le inspire. Hable con alguien que haya viajado a donde usted quiere ir. Sea lo que sea, dé el primer paso.

- Empiece un "diario de sus sueños" y llénelo con ideas que requieren de gran fe. Cada vez que uno de esos sueños se haga realidad, celebre. Celebre la bondad de Dios, sabiendo que si Dios lo hizo antes, ¡Él lo puede hacer de nuevo!

- Siga estos pasos cuando fije sus metas mañana:

  1. Obtenga la orientación de Dios.

  2. Ordene su conversación de acuerdo con el sueño que tiene en su corazón.

  3. Evite personas o cosas que impidan su progreso.

  4. Permítase tener un tiempo para relajarse y estar tranquilo.

  5. Sinceramente, disfrute tratar de cumplir sus metas.

CAPÍTULO 3

Decida ayudar a otros

Nadie es inútil en este mundo si aligera las cargas de otro.

—Charles Dickens

Quizá no haya escuchado del general William Booth, pero estoy muy segura de que ha oído del Ejército de Salvación. Bueno, el general Booth y su esposa, Catherine, fueron quienes iniciaron el Ejército de Salvación hace más de 150 años; fue fundado en 1865 para ser un ejército de voluntarios que llevarían salvación al pobre, al destituido y al hambriento cubriendo tanto sus necesidades físicas como espirituales. El Ejército de Salvación aún lleva a cabo esta misión hoy día en 127 países alrededor del mundo.

Permítame compartirle una historia acerca del general Booth de la que me enteré recientemente:

Era la Noche Buena de 1910. El general William Booth, fundador del Ejército de Salvación en Londres, Inglaterra, estaba cerca del final de su vida. Su salud estaba mal, y no iba a poder asistir a la convención anual del Ejército. Booth se había vuelto inválido y le fallaba la vista. Nadie sabía que él no viviría para celebrar otra Navidad.

Alguien sugirió que el general Booth enviara un telegrama o un mensaje para leerlo en la apertura de la convención como un aliciente para los muchos soldados del Ejército

de Salvación que asistirían a la siguiente
Navidad y por sus muchas horas de labor ministrando a muchos otros durante las fiestas
y los fríos meses del invierno. El general
Booth accedió.

Consciente de que los fondos eran limi-
tados y no deseando usar más dinero del necesario, de manera que la mayor cantidad de
dinero posible pudiera utilizarse para ayudar
a mucha gente necesitada, el general Booth
decidió enviar un mensaje de una palabra.
Buscó en su mente y meditó en sus años de
ministerio, en busca de una palabra que re-
sumiera su vida, la misión del Ejército y que
animara a los demás a continuar.

Cuando se reunieron los miles de dele-
gados, el moderador anunció que Booth no
estaría presente debido al decaimiento de su
salud y su vista. La tristeza y el pesimismo
cubrieron el salón de la convención. Luego, el
moderador anunció que Booth había enviado
un mensaje para que fuera leído en la apertura de la primera sesión. Abrió el telegrama
y leyó el mensaje de una palabra:

¡Otros![2]

El general William Booth entendió algo que mucha gente,
hoy día, todavía no comprende: el gozo de ayudar a otros y
la paz profunda que viene cuando ponemos las necesidades
de otras personas antes que las nuestras. Está claro que él se
tomó en serio las palabras de Jesús: *Más bienaventurado es
dar que recibir* (Hechos 20:35).

Titulé este capítulo "Decida ayudar a los demás" porque
cuando no estamos teniendo un día grandioso, raras veces

tenemos *deseos* de ayudar a alguien más. Nuestra tendencia es enfocarnos en nosotros mismos. Sin embargo, eso es lo peor que podemos hacer, ya que incrementa nuestra miseria en lugar de eliminarla.

Estoy segura de que algunos de ustedes pueden estar pensando: *"Joyce, ayudar a otra persona es bueno para ella, pero ¿cómo puede hacer que me sienta mejor?"*. Me alegra que haya preguntado, le daré un ejemplo que creo que entenderá.

¿Cuál es la mejor parte de la mañana de Navidad o de una celebración de cumpleaños? No es cuando le toca abrir *sus* regalos (por agradable que sea). La mejor parte de la mañana es cuando observa con anticipación mientras las personas en su vida abren los regalos que usted les dio. Ya sea un amigo, su cónyuge, sus hijos o sus nietos, sencillamente hay algo maravilloso acerca de ver el gozo que traen a su rostro los regalos que les dio. Usted se tomó el tiempo para pensar en lo que les gustaría, hizo un esfuerzo para encontrarlo en la internet o en una tienda, empacó el regalo cuidadosamente y, ahora, puede ver cuán emocionados están al recibir aquello por lo que se sacrificó para darles.

Bueno, puede tener esa sensación de gozo y satisfacción más de una o dos veces al año. ¡Puede sentirla a diario! Cuando decide ayudar a los demás, no solamente va a mejorar la vida de ellos, sino que va a mejorar la propia. Supongo que podría decir que una de las mejores maneras de hacer que cada día sea mejor puede resumirse en una palabra... ¡Otros!

> *Cuando decide ayudar a los demás, no solamente va a mejorar la vida de ellos, sino que va a mejorar la propia.*

La paradoja del evangelio

El reino de Dios está hecho de paradojas, cosas que parecen oponerse entre sí o contradecirse. Dicho de otra forma, la sociedad nos dice que debemos hacer cierta cosa para tener éxito, pero la Palabra de Dios muchas veces nos instruye hacer exactamente lo opuesto. Aquí tiene algunos ejemplos:

- El mundo nos dice que lleguemos al frente de la fila o a lo más alto de la escalera si queremos ser los primeros. Sin embargo, la Biblia nos dice que los *primeros serán los últimos y que los últimos serán los primeros* (vea Mateo 20:16).

- El mundo nos dice que seamos avaros y codiciosos para tener lo suficiente. Sin embargo, la Palabra de Dios nos dice que *cuando damos, se nos dará hasta que rebose* (vea Lucas 6:38).

- El mundo nos dice que odiemos a nuestros enemigos y que guardemos rencor. Sin embargo, la Palabra de Dios nos dice que *amemos a nuestros enemigos y que oremos por quienes nos persiguen* (vea Mateo 5:44).

- El mundo nos dice que nos promovamos a nosotros mismos y que nos jactemos de nuestros logros para ser considerados grandes. Sin embargo, la Biblia dice que *el más grande entre nosotros es aquel que sirve* (vea Mateo 23:11).

- El mundo incluso nos dice que, si no nos cuidamos a nosotros mismos, nadie más lo hará; Sin embargo, la Biblia nos dice que *si sembramos en la vida de otras personas, Dios traerá una cosecha de cosas buenas a nuestra vida* (vea Gálatas 6:8).

De hecho, las promesas que Dios le hace a aquellos que buscan y ayudan a los demás son muy sorprendentes. Quiero que medite en estos versículos bíblicos:

> Bienaventurado (feliz, afortunado, digno de ser envidiado) el que piensa en el pobre; en el día malo lo librará Jehová.

> Jehová lo guardará, y le dará vida; será
> bienaventurado en la tierra, y no lo entregarás
> a la voluntad de sus enemigos.
> Jehová lo sustentará sobre el lecho del dolor;
> mullirás toda su cama en su enfermedad.
>
> Salmo 41:1–3

En estos tres versículos puedo ver, por lo menos, nueve promesas diferentes de la manera en que podemos esperar beneficiarnos cuando decidimos ayudar a los demás. ¡Con seguridad, hacerlo mejorará cualquier día!

Como puede ver, el reino de Dios nos da instrucciones diferentes a las que el mundo da. Y la forma de vivir de Dios es mucho mejor, acompañada de beneficios celestiales, que la forma en que el mundo hace las cosas. Por esta razón, Dios dice en Isaías 55:9: *"Como son más altos los cielos que la tierra, así son mis caminos más altos que vuestros caminos, y mis pensamientos más que vuestros pensamientos"*.

Otra de esas paradojas es la instrucción que mencioné al principio de este capítulo: *"Más bienaventurado (lo hace a uno más feliz y más digno de ser envidiado) es dar que recibir"* (Hechos 20:35, paréntesis añadido). A primera vista, no parece tener sentido, ¿o sí? ¿Cómo puedo ser "más bendecido" cuando doy, ayudo o sirvo a alguien más? Parece que ellos serían "más bendecidos" y que yo estaría "más cansado". Sin embargo, la verdad es muy diferente. Cuando decide ayudar a los demás, usted mismo recibe ayuda.

No puedo decirle cuántas veces he visto esta verdad funcionar en mi propia vida. Hubo un tiempo en mi vida en que yo era una persona muy egoísta. Me quitaron tantísimo en mi niñez, y no tenía quién me protegiera. Mi padre abusó de mí durante años y mi madre lo sabía y no hizo nada para detenerlo. Entonces, puede imaginar que, más tarde en la vida, yo pensaba que debía cuidarme a mí misma. Mis pensamientos y mis acciones eran acerca de mí. Durante mucho tiempo no me di cuenta de eso, pero este enfoque en mí misma estaba haciendo que me sintiera muy miserable. En todo lo que podía pensar era cuán infeliz era "yo", y esperaba que los demás hicieran que mi vida fuera mejor.

Sin embargo, el Señor empezó a mostrarme que el enfoque en mí estaba robándome el gozo. En todo lo que podía pensar era acerca de lo que *yo no tenía* o cómo los demás *no estaban* ayudándome. Cuando cambié mi actitud y empecé a pensar en las bendiciones que ya tenía y las maneras en que yo podía salir y ayudar a otros, mi perspectiva de la vida empezó a cambiar. Empecé a hacer con regularidad cosas pequeñas para ayudar a la familia, amigos y hasta extraños... ¡descubrí que hacerlo era divertido!

Lo mismo le puede pasar a usted. Puede mejorar cualquier día cuando quita el enfoque de sí mismo y empieza a buscar maneras para ayudar y servir a los demás, se sorprenderá de lo mejor que puede ser cada día. En lugar de quejarse por sus problemas o su terrible día, estará meditando en cómo

> *Cuando quita el enfoque de sí mismo y empieza a buscar maneras para ayudar y servir a los demás, se sorprenderá de lo mejor que puede ser cada día.*

resolver los problemas de alguien más e iluminar su día. Es una perspectiva nueva, revolucionaria, de la vida que traerá la paz y el gozo que solo Dios puede dar.

Sea flexible

La mayoría de la gente egoísta quiere que se haga su voluntad y, definitivamente, yo no era la excepción. Uno de mis prerrequisitos para disfrutar el día, era hacer que las cosas fueran como yo quería; pero afortunadamente, Dios me enseñó cuánta miseria se puede aliviar con solo ajustar o adaptarse a una situación o a otra persona.

Aprender a adaptarse y ajustarse trae paz, y la paz nos lleva al gozo. Este cambio en mi vida no sucedió de un día para otro (y tampoco pasará en la suya). Fue un proceso que requirió tiempo. Aún me gusta que se hagan las cosas como yo quiero; pero, por lo menos, ahora puedo adaptarme si no está sucediendo lo que yo quiero. He aprendido que es una de las maneras para mantenerme contenta y estoy comprometida con estar feliz y disfrutar mi vida. Desperdicié demasiados años siendo infeliz y me rehúso a desperdiciar más.

Hoy, practico ser flexible. Al igual que la mayoría de matrimonios, a Dave y a mí no siempre nos gusta lo mismo. Por ejemplo, nos gustan diferentes clases de películas y, a veces, escogemos restaurantes diferentes. Así que le dije a Dave que esta noche me encantaría que él escogiera una película que íbamos a ver y el restaurante donde íbamos a comer. Al hacerlo, sabía que quizá no me iba a gustar su elección, pero si vamos a mantenernos flexibles, necesitaremos practicarlo. ¿A qué o quién puede adaptarse hoy y, quizá, mejore la calidad de su día?

> *Solamente decirle a la gente: "estoy aquí para ayudar" no es suficiente. Necesitamos ir por encima de nuestras palabras y, realmente, hacer algo para ayudar a satisfacer sus necesidades.*

Podemos aprender cómo demostrarles amor a diferentes personas y en diferentes maneras. No toda la gente necesita lo mismo de nosotros. Uno de nuestros hijos, por ejemplo, podría necesitar más de nuestro tiempo personal que los otros. Uno de nuestros amigos podría necesitar motivación con más frecuencia que otro.

Por ejemplo: todos los miembros de mi familia me necesitan, mis empleados me necesitan, mis amigos me necesitan, y todos me necesitan de diferente forma. ¿Alguna vez me siento *muy* necesitada? ¡Por supuesto! Todos nos sentimos extremadamente ocupados de vez en cuando. Sin embargo, me recuerdo a mí misma que Dios me da gracia para cualquier cosa que Él pone en mi vida, y soy afortunada de ser amada y necesitada por tantos. Cuando elijo verlo de esta manera, obtengo una mejor perspectiva, hace que me emocione por la oportunidad de servir a quienes me rodean. Después de todo, solamente decirle a la gente: "estoy aquí para ayudar" no es suficiente. Necesitamos ir por encima de nuestras palabras y, realmente, hacer algo para ayudar a satisfacer sus necesidades.

A mi esposo, Dave, le encanta jugar golf, así que hago el esfuerzo de asegurarme que nuestro horario le dé oportunidad para hacerlo. Sin embargo, hubo un tiempo en que realmente me molestaba que fuera a jugar golf. Me sentía miserable porque no había aprendido a hacer espacio para sus necesidades o deseos. Yo quería que él se adaptara. No reconocía las muchas maneras en las que Dave se adaptaba a mis necesidades. Nunca vi lo que él *sí hacía*, solo lo que él *no hacía*, y eso me hacía infeliz y afectaba nuestra relación negativamente. Me alegro de haber aprendido a adaptarme y a ser flexible. No sucedió de inmediato, es un proceso, pero mejoró nuestro matrimonio grandemente. También he descubierto que, ya que disfruto ver a Dave divertirse, él parece hacer más por mí que nunca antes. Después de cincuenta años de matrimonio, nuestra relación es más maravillosa que nunca.

Una vez haya decidido ser una persona que ayuda a los demás, no tendrá problema en edificar y mantener relaciones fuertes, sanas y placenteras con los demás. Su objetivo principal en la vida será poner los deseos de los demás antes que los suyos. Y cuando lo haga, encontrará que Dios llenará su vida con paz, satisfacción y ¡gozo increíble!

El secreto no tan secreto

Decidir ayudar a los demás es más que una buena idea; es uno de los secretos más grandes para disfrutar cada día de su vida. La gente parece probar primero todo lo demás, sin nunca darse cuenta del poder de vivir sin egoísmo. Sin embargo, como creyentes, usted y yo realmente no deberíamos sorprendernos por los resultados que dan vida al poner primero a los demás. Puedo decir con toda seguridad que aprender cómo bendecir con propósito a los demás me ha dado más gozo en mi vida diaria que en la mayoría de las demás cosas. Una de las cosas que Dios me enseñó fue a escuchar lo que la gente decía y, cuando lo hice, descubrí que ellos generalmente nos dicen lo que necesitan, desean o disfrutan durante la conversación. El otro día, estaba en la clínica médica y la doctora mencionó un par de veces lo mucho que le gustaban mis zarcillos, así que cuando me fui, se los di a la enfermera y le pedí que esperara hasta que yo me hubiera marchado para dárselos a la doctora. Yo la volvería a ver hasta dentro de tres meses y no había manera de saber si mi regalo la había alegrado o no, pero lo que sí sé es que a mí me hizo feliz. Hay cientos de cosas pequeñas, como esta, que podemos hacer para ayudar a otros, así que no hay excusa para que ninguno de nosotros diga: "no sé qué hacer", o "no tengo nada que dar".

Yo creo que el egoísmo es incitado por el diablo y que debemos resistirlo, de otra manera gobernará nuestra vida y estorbará cualquier esperanza de disfrutarla. ¡La manera de resistirlo es decidir ayudar tenazmente a los demás!

La Biblia está llena de ejemplos de hombres y mujeres que

pusieron las necesidades de los demás antes que las propias. Permítame recordarle algunos:

Cuando la tierra no pudo "nutrir y sostener" los rebaños tanto de Abraham como de su sobrino, Lot; Abraham generosamente dejó que Lot escogiera primero la tierra. *"Abram dijo a Lot: No haya ahora altercado entre nosotros dos, entre mis pastores y los tuyos, porque somos hermanos. ¿No está toda la tierra delante de ti? Yo te ruego que te apartes de mí. Si fueres a la mano izquierda, yo iré a la derecha; y si tú a la derecha, yo iré a la izquierda"* (Génesis 13:8–9).

Lot ni de cerca era tan generoso. Inmediatamente escogió la tierra más fértil del este, dejándole a Abram el territorio inferior. Sin embargo, Dios vio cómo Abram puso primero a su sobrino y Él bendijo a Abram con un crecimiento tremendo. Abram siguió prosperando, lo opuesto que Lot, quien se metió en grandes problemas. ¡La bondad y generosidad de Abram fueron bendecidas grandemente!

Primera Reyes 17, nos cuenta la historia de la viuda de Sarepta, quien le dio comida y agua al profeta Elías. Tenga presente que había hambruna en la tierra y que a esta viuda solo le quedaba provisión suficiente para una comida. Ella planeaba cocinar esa última comida para ella y para su hijo, y luego, asumía que iba a morir. Elías entra en escena en el versículo 10 y, por instrucción de Dios, le pide a la viuda algo de comida y agua.

Habría sido comprensible que la viuda se negara ante la petición de Elías. Nadie habría pensado mal de ella si no hubiera querido regalar su última comida. Sin embargo, esta mujer puso primero las necesidades de Elías. Le dio la comida y el agua que pidió…y allí fue cuando sucedió el milagro. De ese día en adelante, *"la harina de la tinaja no escaseó, ni el aceite de la vasija menguó"* (vea 1 Reyes 17:16). Estos eran ingredientes para cocinar, ¡nunca menguaron! Desde el día que ella puso primero a Elías hasta que la hambruna terminó, ¡Dios proveyó milagrosamente todo lo que ella y su hijo necesitaban!

No puedo evitar pensar en la relación entre David y su mejor amigo, Jonatán. Primera Samuel 18:1 dice que *"el alma de Jonatán quedó ligada con la de David, y lo amó Jonatán como a sí mismo"*.

Si ha leído la historia, recordará que Jonatán era el hijo del rey Saúl y que era el sucesor al trono. Pero Dios tenía otros planes. En vez de ungir a Jonatán, Dios envió al profeta Samuel a ungir a David para que fuera el próximo rey de Israel. Jonatán pudo haberse puesto celoso, amargado y enojado. Pudo haberse enojado con David y hacer todo lo que pudiera para impedir el ascenso de David al trono. Sin embargo, Jonatán hizo exactamente lo opuesto. Cuando el rey Saúl trazó un plan para matar a David, Jonatán puso las necesidades de David antes que las propias. Previno a David del peligro inminente y hasta lo ayudó a escapar. El ejemplo de amistad y lealtad de Jonatán es un modelo que todavía leemos y estudiamos. ¡Él es el ejemplo perfecto de alguien que pone las necesidades de otro antes que las propias!

La lista no termina con esas tres historias... es solo el principio. Los cuatro hombres que llevaron al amigo paralítico a Jesús (Marcos 2:3); Jacobo sirviendo a Labán otros siete años para casarse con Raquel (Génesis 29:27); Jesús lavando los pies de sus discípulos (Juan 13:4–5); Pablo y Silas ministrando a su carcelero en lugar de escapar cuando surgió la oportunidad (Hechos 16:23–32) y la lista del autosacrificio en la Biblia sigue y sigue.

Con eso en mente, es tiempo de que entendamos y recibamos al secreto "no tan secreto": Seguir el modelo bíblico de poner a los demás antes

> *Cuando piensa primero en "otros", el gozo será su nueva realidad.*

que usted es una de las mejores cosas que puede hacer para disfrutar cada día de su vida. Ya sea algo pequeño como ayudar a un amigo haciéndole una diligencia o algo más grande como ser voluntario un día a la semana para servir a los menos afortunados de su comunidad, todo es importante. ¡Es algo que cambia la vida! Cuando piensa primero en "otros", el gozo será su nueva realidad.

Lo que debe recordar:

- Cuando decida ayudar a los demás, descubrirá cuán ciertas son las palabras de Jesús cuando dijo: *"Más bienaventurado (lo hace a uno más feliz y más digno de ser envidiado) dar que recibir"* (Hechos 20:35, paréntesis añadido).
- El reino de Dios está hecho de paradojas, cosas que parecen opuestas o contradictorias. Hallar gozo al poner a otros antes de sí mismo es una de ellas.
- Ser flexibles es clave para ser verdaderamente feliz.
- La Biblia está llena de ejemplos de hombres y mujeres ayudando a los demás. Es más que solo una buena idea; es un modelo bíblico para vivir correctamente.

Sugerencias para poner en práctica "Decida ayudar a otros"

- Antes de entrar en acción, dedique tiempo solo para observar a quienes lo rodean. ¿Cuáles son sus necesidades? ¿A quién le puede ayudar? ¿Cómo puede ser más eficaz?

- Compre un paquete de tarjetas con palabras o expresiones de ánimo para darle a amigos, familia y compañeros de trabajo.

- Llame a alguien hoy, con quien no ha hablado durante un buen tiempo y dígale que ha estado pensando en él/ella y cuánto le aprecia.

- Hoy, proponga hacer sonreír por lo menos a tres personas y deles una palabra de ánimo sincera.

CAPÍTULO 4

Reexamine sus expectativas

Aguarda a Jehová; esfuérzate, y aliéntese tu
corazón; sí, espera a Jehová.

Salmo 27:14

Quiero contarle un poco acerca de tres personas a quienes llamaremos Nancy, Pedro y Lisa. Cuando lea sus historias, pregúntese con cuál de estas personas bien intencionadas se identifica más.

Empecemos con Nancy. Ella es una esposa dedicada y una amorosa madre de dos hermosos niños. Va a la iglesia cada fin de semana, es voluntaria en el sistema escolar local y lleva a los niños del colegio a clases de piano, luego a la práctica de futbol casi todas las tardes. Según la apariencia externa tiene una vida maravillosa sin nada de qué preocuparse en el mundo. Pero nada podría estar más lejos de la verdad.

En realidad, Nancy no es, ni de cerca, tan feliz como lo sugieren sus circunstancias. Ella se levanta cada mañana con una sensación de intimidación, preguntándose que podría salir mal hoy. ¿Es este el día en que mi esposo perderá su trabajo? ¿Es hoy el día en que uno de mis hijos se va a lastimar en la práctica de futbol? ¿Es hoy el día en que el doctor nos va a dar noticias terribles?

Vea, hay algo que no mencioné acerca de Nancy. Ella tuvo una niñez muy difícil. Su padre la abandonó cuando era joven y su madre se casó y divorció varias veces. De niña, Nancy lidió con mucho dolor y desilusión.

Creció acostumbrada a que el dinero se acabara, a que el

nuevo padrastro se fuera y a que otros niños se burlaran de sus ropas de tienda de segunda mano. Aprendió, temprano en la vida, a esperar lo peor y esas expectativas la siguieron a la edad adulta. Ahora, en lugar de disfrutar su vida y esperar lo mejor, pasa sus días temiendo lo peor. Nancy debería ser feliz... pero no lo es.

Ahora, les contaré acerca de Pedro. Él es soltero, profesional, que trabaja duro y que se mantiene ocupado. Cuando no está trabajando, generalmente está en la iglesia o sale con sus amigos. Aunque es una persona muy sociable, Pedro muchas veces se siente frustrado con muchas de las personas en su vida. Él espera mucho de ellas. Cuando ha tenido un mal día asume que sus amigos lo van a animar y a levantarle el espíritu. Cuando completa una tarea en el trabajo, él ansía que su jefe le dé una palmadita en la espalda. Cuando necesita consejo, asume que los miembros de su grupo de estudio bíblico tendrán las palabras de sabiduría perfectas. Sin embargo, demasiadas veces, no sucede así. Él siente como si la gente siempre lo defrauda, y no sabe qué hacer al respecto. Pedro debería estar disfrutando a todos sus amigos... pero no lo está.

Ahora, antes de que se desanime, permítame hablarle de Lisa. Es madre soltera de tres niños: uno es adulto y los otros dos están atravesando su adolescencia. Lisa ha enfrentado dificultades en la vida, pero aprendió hace mucho tiempo que las circunstancias por las que ha atravesado no la definen. Cada mañana, ella despierta con esperanza. Ella no sabe lo que le depara el día, pero tiene confianza en que Dios está a cargo y eso le da mucha esperanza para los eventos por venir.

Aunque Lisa lidia con una presión tremenda en el trabajo y, cada noche, la tarea intimidante de criar adolescentes la recibe en casa, ella decide no agobiarse. En lugar de vivir preocupada o ansiosa diariamente, decide confiar en Dios. En lugar de permitir que su trabajo o las exigencias de los demás dicten su paso en la vida, dedica tiempo cada mañana para preguntarle a Dios qué desea de ella ese día. No me malinterprete, Lisa no es perfecta; ella comete errores con más frecuencia de lo que quisiera. Sin embargo, está comprometida a pedirle a Dios que la guíe y a vivir con una confianza tranquila de que Él tiene un propósito y un plan para cada día de su vida. Lisa ha aprendido el secreto de hacer cada día mejor; ha aprendido a poner sus expectativas en Dios y en su bondad, en lugar de sus amigos, o incluso de sus circunstancias. Dios creó a Lisa, al igual que a todos nosotros, para llevar una vida abundante, vencedora y llena de gozo... ¡y lo hace!

Entonces, déjeme preguntarle... ¿se parece más a Nancy, Pedro o Lisa? Nancy ha aprendido a esperar lo peor. Vive a diario con un nivel de preocupación, temor e incluso intimidación. Pedro, por otro lado, espera mucho de otras personas... quizá demasiado. Busca en otras personas la satisfacción de las necesidades en su vida, en lugar de acercarse a Dios con esas necesidades. Lisa, sin embargo, tiene una historia diferente. Ella ha aprendido a vivir con equilibrio. En lugar de apoyarse en su pasado o esperar de los demás, empieza cada día preguntándole a Dios qué desea para ella ese día. No ha sido fácil, pero la vida le ha enseñado a Lisa la importancia de examinar sus expectativas de nuevo.

Si se identifica más con Nancy o Pedro, no se desanime. Yo me sentí así durante muchos años. Por eso, cuando empecé a trabajar en el contenido de este libro, sabía que debía incluir un capítulo sobre expectativas. Tanto las expectativas falsas como las

> *Tanto las expectativas falsas como las negativas son enemigas y trabajan para robarle el gozo.*

negativas son enemigas y trabajan para robarle el gozo. Pero si puede aprender a poner sus expectativas en Dios, y ajustarlas para que se alineen con el plan y el propósito bueno que Dios tiene para su vida, es sorprendente la velocidad y efectividad con la que puede mejorar su vida diariamente. Si usted encuentra un poco de Nancy o de Pedro en su vida, continúe leyendo. Este es un capítulo que puede encaminar su vida en una dirección totalmente nueva. Mire, cuando la gente no hace lo que esperamos, y nuestras circunstancias no cambian según lo previsto, aún podemos poner nuestras expectativas firmemente en Dios, confiando que veremos su bondad en nuestra vida.

Niéguese a esperar lo peor

A veces, cuando le han sucedido series prolongadas de dolor y decepción, puede llegar a un punto donde simplemente espera más de lo que ya ha recibido. Al igual que Nancy, usted ha atravesado muchos problemas y sencillamente espera que vengan más. Yo solía ser así, pero he descubierto que Dios tiene una mejor forma de vida para nosotros.

Después de huir de una niñez donde mi padre abusaba de mí frecuentemente, me casé con el primer hombre que apareció. Todavía era una adolescente y no tenía criterio. Lo triste es que mi primer esposo estaba más confundido que yo. Luego de que él me maltratara y abandonara, nuestro matrimonio terminó. Para cuando conocí a Dave, estaba enojada y sin esperanza acerca de todo, solo tratando de sobrevivir cada día.

Había empezado a esperar lo peor todo el tiempo debido al dolor que había sufrido en mi vida. Aun después de tener una relación fuerte con Dios, todavía luché con esto por un tiempo. Luego, una mañana, Dios llamó mi atención hacia cuán negativas eran mis expectativas. Yo vivía en un pavor de bajo nivel y estaba mentalmente preparada para esperar y aceptar decepciones todos los días.

Proverbios 15:15 dice: *"Todos los días del afligido son difíciles [por pensamientos de ansiedad y presentimientos]; mas el de corazón contento tiene un banquete continuo [independientemente de las circunstancias]"*. En vez de ser una persona con un "corazón contento", me había convertido en alguien gobernado por "pensamientos de ansiedad y presentimientos". ¡No es de sorprenderse que tuviera días malos, uno tras otro! Una vez leí ese versículo, empecé a darme cuenta que estaba lidiando con el temor de que algo malo sucedería aun cuando nada estaba yendo mal. Luego, vi hacia atrás y miré cuánto me había afectado en diferentes momentos en mi pasado. Por ejemplo: la noche que Dave me propuso matrimonio, él dijo que necesitaba hablarme. Mi reacción fue temor y miedo porque pensé que iba a terminar conmigo. Estaba siguiendo mi acostumbrado patrón de expectativa negativa. Recuerdo que mi padre me decía con frecuencia cuando era niña: "No puedes confiar en nadie. Todos quieren hacerte daño". Ahora me doy cuenta que él pensaba eso por su forma de ser, pero en ese entonces, yo permití que su actitud negativa programara mi mente para el futuro. Gracias a Dios que su Palabra puede renovar nuestra mente y que podemos ver su buena voluntad hacerse realidad en nuestra vida (vea Romanos 12:2).

Cuando esperaba que algo malo sucediera, en realidad, mi expectativa estaba robándome la felicidad. Pero cuando aprendí a esperar algo bueno, eso abrió la puerta para los planes de Dios en mi vida (vea Lamentaciones 3:25). Quisiera sugerir que la próxima vez que esté teniendo un mal día, revise sus expectativas, y si encuentra que no son lo que deberían ser, rápidamente puede hacer un ajuste que permita que el gozo regrese a su vida.

Si se identifica con mi historia, quiero que sepa que Dios

solo tiene planes increíblemente buenos, reservados para usted. Él es un buen Padre que tiene un plan maravilloso para su vida. Jeremías 29:11 (NVI) lo dice así: *"Porque yo sé muy bien los planes que tengo para ustedes —afirma el Señor —, planes de bienestar y no de calamidad, a fin de darles un futuro y una esperanza".* Eso no significa que nunca vayamos a tener decepciones o luchas en la vida, pero sí quiere decir que, si mantenemos nuestras expectativas en Dios y en su bondad, con el tiempo, veremos suceder los planes de bien que Él tiene.

No espere de la gente lo que solo Dios puede dar

Si vamos a ir por la vida esperando cosas, solamente de Dios deberíamos esperar lo mejor. Cualquier otra expectativa solo podría guiarnos a la decepción y frustración. Por eso es importante que volvamos a revisar nuestras expectativas, asegurándonos de que nuestra expectativa, esperanza y confianza está en Dios y no en una persona que puede desilusionarnos. No es que nunca pueda confiar en la gente, la clave es pedirle a Dios lo que necesita y confiar que obrará a través de la persona que Él escoja. Dios obra a través de la gente; sin embargo, cuando Él es su fuente, usted nunca será decepcionado. Quizá Dios no le dé exactamente lo que usted espera, pero definitivamente le dará lo mejor.

> No es que nunca pueda confiar en la gente, la clave es pedirle a Dios lo que necesita y confiar que obrará a través de la persona que Él escoja.

Al igual que la mayoría de la gente, yo pasé muchos años esperando que la gente me hiciera feliz, que supliera mis necesidades y que nunca me decepcionara. Tenía expectativas poco realistas y el resultado fue que presionaba a la gente a hacer cosas por mí que, con frecuencia, no podían hacer. Nadie, excepto Dios, puede darnos una sensación de verdadera confianza y autoestima, y hasta que aprendamos a esperar en que Él supla nuestras necesidades, nos exponemos a tener decepciones con regularidad. ¿Está enojado, quizá en este momento, con alguien que no hizo lo que usted esperaba? ¿Cuántos días ha pasado infeliz y contrariado porque alguien no hizo lo que usted esperaba que deberían hacer? Me avergüenzo de siquiera pensar cuán alto es el número en mi caso.

Si quiere hacer que este día, o cualquier día, sea mejor quizá debería examinar nuevamente sus expectativas y ver si están fuera de lugar. Si lo están, puede cambiar y empezar a buscar siempre a Dios primero y principalmente para todas sus necesidades.

La gente, por lo general, no nos hiere o decepciona a propósito, pero la verdad es que la gente nos defraudará de vez en cuando, sencillamente porque todos somos imperfectos. Todos tenemos debilidades. Cada persona con la que se encuentra tiene un nivel de egoísmo, y mucha gente tiende a hacer lo que más le conviene en lugar de lo que es mejor para otros. No tenemos que enojarnos o amargarnos con la gente cuando actúa egoístamente; sencillamente, lo que tenemos que hacer es no buscar en ellos nuestro sentido de paz o felicidad. Conforme vamos madurando espiritualmente, aprendemos que, aunque los amigos y la familia pueden ser una gran fuente de motivación, ellos nunca podrán reemplazar a Dios como nuestra fuente verdadera de confianza, gozo y fortaleza.

Cuando le pide ayuda a Dios... Él dice: "¡sí!"

Cuando acabó de leer el título de esta sección, pudo haber pensado: *"¡Eso es cierto, y ahora soy infeliz porque no se lo pedí y Él no ha dicho sí todavía!".* Solo porque Dios no nos da lo que le pedimos, no significa que Él no vaya a ayudarnos. Quizá Él está esperando que nosotros digamos: "Hágase tu voluntad, no la mía, Señor".

Jesús pidió ser librado de la agonía y la vergüenza de la cruz; sin embargo, rápidamente añadió a su petición: "No obstante, que se haga tu voluntad y no la mía".

Estamos muy propensos a pedir cosas que solo Dios sabe que no serían buenas para nosotros o que no funcionarían en su plan general para nuestra vida. Creo que cuando le pido ayuda a Dios, Él siempre dice: "sí". Sin embargo, también he aprendido que no necesariamente significa que Él sí me ayudará en la manera que quiero que lo haga o que Él lo hará según mi tiempo.

Dios siempre es bueno, esa es su naturaleza misma. Salmo 107:1, dice: *"Alabad a Jehová, porque él es bueno; porque para siempre es su misericordia".* Podemos esperar la bondad de Dios en nuestra vida y la esperamos con entusiasmo y emoción. Dios busca y anhela a alguien que espera en Él para ser bueno con esa persona. Dios quiere ser bueno con usted, pero tiene que estar esperando en que Él se mueva en su vida. Hoy es el día para empezar a creer que algo bueno le sucederá, y en el momento que lo haga ¡mejorará su día! Dios está obrando en su vida en este momento, y Él quiere que usted disfrute la vida que Él le ha dado.

Lo que debe recordar:

- Las expectativas negativas y no saludables pueden ser perjudiciales en nuestra vida
- Sin importar el dolor que haya atravesado en el pasado, niéguese a la tentación de vivir en temor. No espere lo peor; tenga la esperanza de algo mejor.

- Podemos edificar relaciones fuertes, sanas, con los demás; pero no deberíamos verlos a ellos como nuestra fuente. ¡Dios es nuestra fuente!
- Cuando necesite mejorar su día, reexamine sus expectativas.

Sugerencias para poner en práctica "Reexamine sus expectativas"

- Haga una lista de lo que espera y de quién lo espera. Asegúrese de esperar buenas cosas de la fuente correcta.

- Cada vez que se preocupe o tenga miedo porque algo salga mal, deténgase y agradézcale a Dios por su bondad y dígale que está ansioso por ver lo que Él hará hoy.

- Cuando alguien haga algo bueno por usted, solo recuerde que la verdadera fuente fue Dios, y que sencillamente, Él escogió obrar a través de esa persona.

CAPÍTULO 5

No ceda ante el temor

Jehová es mi luz y mi salvación; ¿de quién temeré?
Jehová es la fortaleza de mi vida; ¿de quién he de
atemorizarme?

Salmo 27:1

La acción preventiva es, a veces, la mejor y la más saludable acción que podemos tomar. Si puede detener un problema antes de que empiece, su día será muchísimo mejor. Por ejemplo:

- Cuando manda cambiar el aceite de su carro cada cinco mil kilómetros, su carro anda mejor y puede evitarse muchos problemas con el motor.
- Cuando se hace exámenes médicos con regularidad, examen de la vista y limpieza dental, puede prevenir mayores problemas de salud o detectarlos tempranamente.
- Cuando pasa tiempo con su cónyuge regularmente (como salir juntos), su relación se fortalece y, a la larga, se ahorra problemas.

Esto no solo sucede con su carro, su salud o sus relaciones, el mantenimiento preventivo es un elemento crucial en cada parte de su vida. Si quiere estar sano y en paz con su alma, es importante detener los problemas antes de que se vuelvan "fortalezas" en su vida. Y una forma de hacerlo es cuando decide: *yo no voy a ceder ante el temor.*

El temor es el precursor del miedo. Al principio, es sutil. Pensamientos como: *¡Uf!, esta semana me amedrenta. Tengo*

*tantas cosas que hacer que no me gustan, y mi jefe está en la
ciudad y en la oficina siempre hay más tensión cuando él está.*
Esos sentimientos de temor llevan a una vida frustrada, temerosa e infeliz.

Cuando el temor se cuela, allí es cuando usted puede
practicar el mantenimiento preventivo. Puede lidiar con el
problema antes de que se convierta en temor o preocupación
a toda marcha. No tiene que permitir que le drene su gozo.
Usted puede decir: "Hoy no voy a amedrentarme. No voy a
vivir con esa preocupación. "¡No voy a permitir que esto desarrolle miedo en mi vida!". Así como cambiar el aceite cada
cinco mil kilómetros o ir por su chequeo anual, tratar con el
temor en sus inicios le ayudará a evitar problemas a la larga.

¿Qué es el temor?

Temor no es nada más que esperar que algo malo o desagradable suceda. Es planear no disfrutar algo que necesita
hacer. Esta es la razón por la que es peligroso: es totalmente
opuesto a la esperanza y la fe.

> *Debemos vivir con una
> expectativa positiva de
> gozo, no con un temor que
> drena nuestra energía.*

La esperanza es una expectativa segura de lo bueno, y la fe
siempre confía en recibir lo mejor de Dios. La fe es aquello
por lo que Dios nos dice que vivamos. ¡Debemos hacerlo
todo en fe! Debemos vivir con una expectativa positiva de
gozo, no con un temor que drena nuestra energía.

Quizá usted haya pensado que tener miedo del día frente
a usted, estar exasperado ante el pensamiento de ir a trabajar
o sentirse frustrado porque tiene que hacer varias diligencias
después del trabajo era algo normal, pero Dios tiene mucho
más reservado para usted que solo vivir una vida caracteri-
zada por estos temores y frustraciones. 2 Timoteo 1:7, dice:

> Porque no nos ha dado Dios espíritu de
> cobardía, sino de poder, de amor y de do-
> minio propio.

Y Salmo 23:4 lo dice de esta manera:

> Aunque ande en valle de sombra de muerte, no
> temeré mal alguno, porque tú estarás conmigo;
> tu vara y tu cayado me infundirán aliento.

Con Dios de su lado, no hay nada que usted no pueda
vencer...y eso incluye al temor. Así que la próxima vez que
tenga esos sentimientos de temor por el día que viene, trate
con ellos de inmediato. No permita que ese punto de apoyo
se convierta en fortaleza en su vida. Dios no lo creó para que
viviera con un mal sentimiento acerca de su día o su vida.
¡Él lo creó para vivir en el gozo que viene con la esperanza
y la fe por cosas mejores!

Cómo detener al temor de inmediato

Mientras lee este capítulo, quizá esté pensando: *Bueno, el
temor suena como algo que todos enfrentan. Si ese es el caso,
¿cómo lo detengo? ¿Cómo puedo vivir libre de temor?*

Creo que el primer paso hacia una vida libre de temor es
pedirle al Espíritu Santo que le haga consciente de ello, cada
vez que empiece a temer algo. No es tan difícil detener el
temor si se da cuenta de que lo siente y que es un problema
en vez de algo que simplemente nos pasa a todos. Cuando
descubro que siento temor por algo, me digo a mí misma: *Yo
no solo no voy a temerle a esto, sino que voy a disfrutarlo porque
Dios está conmigo en todo lo que hago.*

El momento exacto en que usted empieza a tener una sensación de resistencia o temor, reconozca que ese sentimiento
no viene de Dios. Ya sea que esté amedrentada por una tarea

del hogar, una reunión con un colega o un viaje próximo, ningún temor es sano o productivo en su vida.

Si identifica al temor en su inicio, podrá tratar con él de inmediato. Muchísima gente va por la vida sin identificar ni reconocer las cosas que le roban su gozo. Tienen días tristes…pero ni siquiera saben por qué. Si ve al temor como lo que es: un ladrón de gozo, usted podrá luchar en su contra inmediatamente. Eso me lleva a…

Llévelo ante Dios

Demasiadas veces tratamos de pelear las batallas con nuestras propias fuerzas. Y, luego, cuando fallamos inevitablemente, nos frustramos y queremos rendirnos. Le sugiero que cada vez que reconozca que está sintiendo temor acerca del día que viene, llévelo a Dios. Dígale: "Padre, tengo una sensación de inquietud y temor acerca de esto o aquello. Si es algo que no quieres que haga, por favor, muéstrame; y si tú quieres que lo haga, concédeme la gracia para hacerlo con gozo". Cada vez que le llevamos nuestros problemas a Dios, estamos en una mejor posición para disfrutar nuestro día. Dios puede hacer las cosas que nosotros nunca podríamos hacer por cuenta propia, así que no intente pelear a solas contra el temor. Si nos enfocamos en disfrutar a Dios y su compañía, eso puede hacer que hagamos una tarea desagradable con una buena actitud.

> *Dios puede hacer las cosas que nosotros nunca podríamos hacer por cuenta propia, así que no intente luchar a solas contra el temor.*

Encuentre lo bueno en todo

He descubierto que hay gran fortaleza en pronunciar palabras positivas, llenas de fe, sobre mi día. En lugar de hablar acerca de todas las cosas que temo, cuando pronuncio las promesas de Dios sobre el día que viene, suceden cosas increíbles.

En lugar de decir: "Oh, es increíble que tenga que ir a comprar abarrotes hoy; eso va a ser un lugar de locos", diga algo como: "Estoy tan agradecida de tener dinero para los abarrotes y un carro que me lleva a la tienda".

En lugar de decir: "Uf, parece que va a llover hoy. El clima va a ser espantoso y mi cabello se va a arruinar. Qué deprimente", diga algo como: "Llueva o salga el sol, voy a tener un buen día. Algo tan simple como el clima "¡no va a definir mi felicidad!".

En vez de decir: "Tengo mucho trabajo que hacer esta semana. Me amedrenta todo eso. No puedo esperar a que esta semana se termine", diga algo como: "Parece que viene una semana desafiante, pero estoy ansiosa por ver lo que Dios va a hacer. Voy a hacer lo mejor que pueda y confiar en Él por lo demás. ¡Estoy emocionado por ver cómo va a salir!".

¿Ve la diferencia? Cuando cambia la conversación, de inmediato detiene al temor. No diga palabras que pueden crear problemas; tenga la fe para hablar acerca de las promesas de Dios y eso abre la puerta para que Él entre en acción.

Ponga su esperanza en la Palabra de Dios

Yo creo que la Palabra de Dios es verdaderamente la mejor solución al temor, el miedo y la preocupación. Si se dedica a estudiar la Palabra, a aprender las promesas de Dios para su vida, no hay manera de que

> *La Palabra de Dios es verdaderamente la mejor solución al temor, el miedo y la preocupación.*

usted vaya a sucumbir bajo la presión del temor. Cuando el temor trate de arruinar su día, usted podrá vencerlo con la verdad de la Palabra de Dios.

Pienso en muchos ejemplos en la Palabra de Dios: Pedro,

David, Rut, Ester, María, Abraham, Moisés. Todos estos héroes de la fe atravesaron días difíciles. Ellos pudieron haber cedido ante el temor y el miedo, pero en lugar de retroceder cuando surgieron los retos, ellos escogieron confiar en Dios y avanzar. ¡Qué maravillosos ejemplos para usted y para mí! Si pasamos tiempo estudiando las promesas de Dios y sacando fuerzas de esos ejemplos (y muchos otros), no hay temor que gane. La Palabra de Dios es su forma principal de hablarnos. Si la estimamos, venceremos al temor todas las veces. Nunca me habría enterado de que el temor era un problema en mi vida si no lo hubiera descubierto al estudiar la Palabra de Dios. Satanás usó el temor para drenar mi gozo y energía durante muchos años, pero la Palabra de Dios me enseñó que podía rechazarlos y ponerle un alto en mi vida, y usted también puede hacerlo.

Atrévase a ser rebelde

En lo que se refiere al temor, quiero motivarlo a ser determinado…diligente…rebelde. Parte de la definición de la palabra "rebelde" es difícil de dirigir o doblegar. ¡Es tiempo de que dejemos de ser doblegados ante el temor! Que su misión sea erradicar al temor a donde quiera que vaya. Reconozca que, jamás, nada bueno puede venir del temor y decida rechazarlo siempre que intente presentarse en su vida.

Es fácil de asumir que, debido a que algo es desafiante, no hay manera de disfrutarlo; sin embargo, con la ayuda de Dios usted puede hacer maravillas. ¡Hasta puede aprender a disfrutar las cosas que una vez temió! Cuando esperamos que lo peor va a suceder, eso solamente nos lleva a una vida frustrada, miserable, infeliz. ¿Por qué no escoger algo mejor? Elija la esperanza y la fe y permita que Dios lo sorprenda con su bondad. No importa lo que tenga que hacer en el día que viene, Dios puede cambiar eso en algo que se disfrute.

Aun las tareas más insignificantes pueden hacerse con gozo. Con la actitud correcta, lavar los platos puede ser un momento de reflexión en la bondad de Dios. Limpiar la casa puede convertirse en un tiempo para orar por los demás. Con una manera de pensar distinta, el largo trayecto puede ser un tiempo donde termine algún trabajo que necesitaba hacer. Con la perspectiva adecuada, el *obstáculo* en el trabajo puede convertirse en una *oportunidad* en acción. Se trata de ser lo suficientemente rebelde para decirle "no" al temor y "sí" a la esperanza y la fe. Haga esa elección hoy y descubrirá que disfrutará hoy mucho más de lo que jamás imaginó. ¡Usted puede hacer cualquier día más agradable al rehusarse a temer cualquier cosa que necesite hacer!

Lo que debe recordar:

- El temor es el precursor del miedo. Cuando el temor se cuela, allí es cuando puede practicar el mantenimiento preventivo. Puede lidiar con el problema antes de que se convierta en temor y preocupación a toda marcha.
- El temor es exactamente lo opuesto a la esperanza y la fe.
- El momento exacto en que empiece a tener una sensación de renuencia o temor, reconozca que ese sentimiento no viene de Dios.
- Cuando pronuncia las promesas de Dios sobre el día que viene, en vez de hablar acerca de todas las cosas que le amedrentan, cosas increíbles suceden.

Sugerencias para poner en práctica "No ceda ante el temor"

- Convierta el sentimiento de temor en un sentimiento de esperanza. La próxima vez que sienta temor de algo, piense en lo opuesto, esperando que Dios haga lo mejor.

- Medite en tres pensamientos positivos, llenos de esperanza que pueda tener en este momento acerca del día que tiene por delante.

- Desafíe al temor y no permita que envenene su día.

SECCIÓN II

Nuevos pasos a seguir

El Señor afirma los pasos del hombre [justo].

Salmo 37:23

CAPÍTULO 6

Aprenda algo nuevo

Una mente que se estira por nuevas experiencias,
nunca puede volver a sus antiguas dimensiones.
—Oliver Wendell Holmes

¿Cuándo fue la última vez que trató de aprender algo nuevo? ¿Un nuevo hecho histórico? ¿La definición de una palabra nueva? ¿Un nuevo pasatiempo? ¿Hizo un nuevo amigo? ¿Una nueva destreza de trabajo? Creo que aprender cosas nuevas añadirá interés y placer a cualquier día.

Le pregunto acerca de la última vez que aprendió algo nuevo porque muchísima gente (incluyendo a los cristianos) llevan vidas secas, estancadas, simplemente porque han dejado de aprender. No ejercitan la curiosidad, ampliar sus horizontes o poner a prueba sus límites; no hacen nada nuevo. Cada día se parece al anterior. La misma rutina, el mismo modo de pensar, las mismas actividades y, quizá, la misma miseria.

Puedo comprender el hastío de "lo mismo"; le tengo buenas noticias: no tiene que quedarse estancado en las mismas rutinas, lidiando con las mismas frustraciones un día y el otro también. Una de las cosas más fáciles (y que más se disfrutan) que puede hacer para disfrutar su vida es tomar la decisión de empezar a aprender cosas nuevas, emocionantes, diferentes. No tiene que ser algo grande y complicado; podría ser algo tan simple como aprender una nueva rutina de ejercicio, plantar un huerto o cómo hacer más con su computadora que solo enviar correos electrónicos. Es diferente para cada persona, pero si se dedica a aprender con regularidad (si no a diario), se sorprenderá de cuánta diversión tendrá en el descubrimiento de cosas nuevas.

> *Si se dedica a aprender con regularidad (si no a diario), se sorprenderá de cuánta diversión tendrá en el descubrimiento de cosas nuevas.*

Una de las cosas que elijo para aprender algo nuevo es ver documentales. Hay incontables historias acerca de personas maravillosas que han hecho cosas increíbles, o gente que ha pasado por eventos muy trágicos y ha tomado la decisión de que estos no los amarguen. Se puede encontrar documentales acerca de personas famosas, lugares a donde nunca ha ido, el reino animal, la naturaleza, etc. Esas historias no solo son interesantes, también son inspiradoras.

Muchas veces, aprender es un proceso de prueba y error. No se desanime si está tratando algo y no es lo que usted buscaba. Pruebe algo mejor y siga tratando hasta que encuentre una manera de aprender con regularidad. Aprender no es tan fácil para unos como lo es para otros. No todos aprendemos tan rápido como Hoagy Carmichael...

Se cuenta una historia acerca del compositor y líder de banda, Howard Hoagland "Hoagy" Carmichael y su decisión de empezar a jugar golf. Interesado en el deporte, Carmichael programó tomar lecciones con un instructor de golf y, en el día estipulado, llegó listo para aprender.

En la primera lección, Carmichael escuchó pacientemente mientras el instructor le enseñaba lo básico del juego: cosas como la manera de agarrar el palo de golf, cómo colocar la pelota, las mecánicas del swing de golf, y demás. Aproximadamente a la media hora de la lección, el instructor dijo: "¿Por qué no saca el palo y trata de pegarle a la pelota en dirección al primer hoyo?". Carmichael colocó la pelota de golf y la golpeó tan fuerte como pudo. La vio volar calle abajo, rebotar en el Green y rodar directamente a la copa: ¡un hoyo en uno!

El instructor no podía creer lo que acababa de ver. Estaba anonadado. Sin vacilar, Carmichael volteó y le dijo al instructor boquiabierto, con un guiño de ojo: "Bien, creo que ya capté la idea".

Como dije, no todos podemos "aprender" tan rápido como Hoagy Carmichael, pero todos podemos aprender. Podemos aprender nuevas habilidades, podemos aprender nuevas técnicas de paternidad, podemos aprender nuevos estilos y modas, podemos aprender una nueva profesión; las opciones son infinitas. Hay mucho más que podemos aprender y hay muchas maneras en que ese nuevo conocimiento pueda aumentar nuestro gozo y mejorar nuestra vida. Veo un sinnúmero de personas con audífonos en sus oídos mientras caminan, hacen ejercicio, limpian su casa y muchas otras cosas. Momentos como esos son grandes oportunidades para aprender. Si usted es del tipo de persona a la que le encanta escuchar música durante esos momentos, eso es grandioso pues la música puede ser muy inspiradora; sin embargo, quizá podría considerar hasta tomar treinta minutos de ese tiempo ¡para aprender algo!

He descubierto que puedo escuchar por lo menos treinta minutos de algún tipo de enseñanza bíblica durante el tiempo que me toma maquillarme y arreglar mi cabello cada mañana. Si piensa que no tiene tiempo para aprender nuevas cosas, se equivoca. Todo lo que necesita hacer es aprovechar las oportunidades que están justo frente a usted. ¡Empiece usando el poder de la media hora! Es sorprendente lo que podemos lograr si usamos quince minutos por aquí o por allá, o los treinta minutos que están disponibles entre una cita y otra. Esos son los momentos que desperdiciamos muchas veces y que podríamos usar de manera más productiva.

No se engañe al pensar que usted tiene que tener mucho tiempo para leer o escuchar y aprender. Use algo de los lapsos de tiempo cortos que tiene y estos sumarán mucho tiempo invertido en lugar de desperdiciado.

Aprenda más acerca de Dios

Mientras más aprendamos de Dios, más cerca de Él podemos estar. El apóstol Pablo dijo que su propósito determinado en la vida era conocer a Jesús y el poder de su resurrección (vea Filipenses 3:10). La Biblia de las Américas usa terminología para explicar el profundo significado de este versículo y quiero compartirlo con usted, y pedirle que tome un momento para pensar verdaderamente acerca de lo que dice:

> [Mi propósito determinado es] conocerle a Él [para que progresivamente pueda llegar a conocerlo más profunda e íntimamente, percibiendo, reconociendo y comprendiendo las maravillas de su persona de manera más fuerte y clara], el poder de su resurrección [la cual se ejerce sobre los creyentes] y la participación en sus padecimientos, llegando a ser como Él [en espíritu a su semejanza] en su muerte.
>
> Filipenses 3:10, (corchetes añadidos)

Este versículo de la Escritura es tan poderoso, que nunca deberíamos de cansarnos de ponderarlo, esperando comprenderlo mejor. Con demasiada frecuencia, somos culpables de buscar a Dios solamente para que nos ayude con nuestros problemas; y cuando lo hacemos nos privamos a nosotros mismos de la belleza y el poder de aprender cuán absolutamente maravilloso Él es en incontables maneras, y luego, a través de ese conocimiento, desarrollar una relación más cercana e íntima con Él.

Si está interesado en aprender más acerca de Dios, permítame recomendarle ¡un estudio minucioso sobre el carácter de Dios! Tengo una serie de enseñanzas sobre este tema y hay muchos libros excelentes de este tema por varios escritores diferentes. Cuando conoce el carácter de Dios, le ayuda a confiar en Él más y más. Cuando confiamos en Él podemos entrar en su reposo y dejar de preocuparnos y de estar temerosos.

Claro que hay un sinnúmero de cosas que puedo sugerirle que aprenda de Dios, pero en vez de entrar en temas específicos, permítame compartirle la manera en que aprender más de Dios ha impactado mi vida y que hará lo mismo por usted.

Jesús dijo que somos transformados cuando estudiamos su Palabra, o completamente cambiados a su imagen, y yo puedo decir que ¡Él me ha cambiado! Mientras más aprendo acerca de Él, más me vuelvo como Él, y ese debería ser el objetivo de todo hijo de Dios. Su amor es insondable. Sobrepasa cualquier cosa que podamos comprender con nuestra mente finita, pero mientras más he aprendido sobre Él, más me he convencido de que Él sí me ama, con toda seguridad. Yo sé que Él le ama a usted también. Cuando aprenda cuánto le ama, eso le capacitará para aceptarse a sí mismo y tener confianza para vivir plenamente. También le ayudará a experimentar el gozo de amar a los demás verdaderamente.

Este libro se trata de maneras para hacer que cada día sea mejor y, sinceramente, puedo decir que, ahora, raras veces tengo un día cuando pienso: *"¡solo estoy teniendo un mal día!"*. Sin embargo, antes de empezar a *aprender* verdaderamente acerca de Dios de manera más profunda e íntima, muchos de mis días eran días malos. Sí, yo era cristiana, pero ¡no conocía a Dios! Sabía de Él, ¡pero no era suficiente!

¡Necesitamos conocerlo a Él y al poder de su resurrección y las maravillas de su persona!

Los métodos que tenemos disponibles para aprender más acerca de Dios, hoy día, son demasiados como para contarlos con precisión. Usted puede escoger muchos métodos sencillos para aprender más e incluirlos fácilmente en su día. Por ejemplo, tenga devocionales en un par de lugares diferentes en su casa y, cuando tenga tiempo, lea uno o más de los días y aprenderá algo nuevo o se acordará de algo que aprendió en el pasado. Tenga uno en su carro, en su oficina, en su maletín y en otros lugares donde pueda tener algunos minutos para leer y ¡hágalo!

Aprenda más de sí mismo

¿Ha pensado alguna vez en tomar tiempo para aprender verdaderamente sobre sí mismo? Usted es muy maravilloso, pero quizá no lo sepa. Use la internet o busque un libro y aprenda acerca de cómo funciona el cuerpo humano y para qué lo creó Dios. Por ejemplo: usted tiene casi seis litros de sangre en su cuerpo, y circula a través de su cuerpo tres veces por minuto. Eso significa que su sangre viaja a diario 19 kilómetros dentro de su cuerpo para mantenerlo saludable.

¡Su corazón late 35 millones de veces cada año! Usted tiene 60 000 vasos sanguíneos dentro de su cuerpo. Los impulsos nerviosos viajan hacia el cerebro a una velocidad de 400 kilómetros por hora. Y esas son solamente algunas cosas acerca de usted que lo hacen tan maravilloso y, claramente, muestran ¡cuán maravilloso es nuestro Creador!

¿Sabía que usted es único y que no hay nadie sobre la tierra que sea exactamente como usted...y que Dios lo diseñó cuidadosamente con sus propias manos en el vientre de su madre (vea Salmo 139)?

Conozca sus fortalezas y debilidades. Qué es lo que

disfruta verdaderamente y la clase de trabajo para el que está diseñado. ¿Cuáles son sus limitaciones? ¿Disfruta pasar tiempo a solas, y si no, por qué no? Usted es una gran persona, y debería tomar tiempo para conocerse mejor. Otra cosa que necesita aprender a hacer es a aceptarse y amarse a sí mismo completamente. ¡Es imposible disfrutar este día o cualquier otro si no se ama a sí mismo! No le tiene que encantar todo lo que hace, pero sí necesita amar lo básico de la persona que Dios creó cuando lo hizo a usted. ¡Decida disfrutarse a sí mismo hoy y todos los días! ¡Aprenda a reírse más de sí mismo!

Un estudio de los diferentes tipos de personalidad es revelador. Si nunca lo ha hecho, lo disfrutará plenamente y le ayudará a aprender más acerca de usted, así como de otras personas en su vida.

La internet está cargada de información de todo tipo. Puede aprender algo y ni siquiera tiene que trabajar muy duro para eso. Puede obtener información en segmentos tan cortos como dos o tres minutos, hasta un seminario de varias horas. Afortunadamente, las bibliotecas y las librerías están llenas de libros. Adicionalmente, tenemos CDs, DVDs, podcasts, vídeos en YouTube, descargas digitales de mensajes y libros y es posible que, para cuando este libro llegue a sus manos, se hayan creado muchos métodos más. Creo que es seguro decir que nadie que quiera aprender tiene más herramientas disponibles ahora que en cualquier otra época de la historia.

¡Lo único que le queda por hacer es empezar! Estoy segura de que está aprendiendo cosas, pero espero que este capítulo le ayudará a darse cuenta que puede aprender aún más y que eso no solamente hará que su día parezca más animado y emocionante, sino que, si continúa haciéndolo por suficiente tiempo, ¡toda su vida será así!

Lo que debe recordar:

- Mucha gente (incluyendo los cristianos) están llevando una vida seca, estancada, sencillamente porque han dejado de aprender.
- Muchas veces, aprender es un proceso de prueba y error. No se desanime si trata de aprender una habilidad nueva o un pasatiempo y no funciona de inmediato.
- Lo mejor que puede aprender es más acerca de Dios y su amor por usted, increíble y eterno.
- Usted puede usar pequeñas cantidades de tiempo y éstas sumarán a mucho tiempo de aprendizaje beneficioso.

Sugerencias para poner en práctica "Aprenda algo nuevo"

- Escriba una lista de cosas que le gustaría aprender y empiece a hacerlo.

- Intente aprender un hecho increíble acerca de cómo funciona su cuerpo cada día.

- Si no usa la computadora, salga y compre un libro acerca de hechos increíbles y aprenda algunas cosas que no sabía.

- Si cocina, aprenda cómo preparar algo que nunca antes había hecho.

CAPÍTULO 7

Niéguese a conformarse

*Excelencia es hacer cosas ordinarias
extraordinariamente bien.*
—John W. Garner

Hagamos juntos un pequeño ejercicio. Va a requerir alguna imaginación de su parte. Lo llamaremos "La historia 'qué tal si'".

Qué tal si hubiera crecido, aproximadamente, en el centro de los Estados Unidos... digamos que, en Wichita, Kansas. Y qué tal si su sueño fuera vivir cerca del mar. Ha ido de vacaciones a la Costa Este muchas veces, y le encanta el aire salado, la arena bajo sus pies y cenar mariscos frescos todas las noches. A algunas personas les gustan las planicies, a otras las montañas, ¿y a usted? A usted le gusta la playa... en realidad, ¡le encanta!

Y qué tal si decidiera: *"¡Lo haré! Voy a vender mi casa, empacar la mudanza, y voy a seguir mi sueño. ¡Océano Atlántico, aquí voy!"*. ¡Me alegro por usted! ¡Qué emocionante! Se va en una aventura. Va a tener una gran historia que contar, y le va a encantar contarla desde la comodidad de su silla de playa.

Ha hecho los arreglos necesarios. Todos sus amigos vinieron a ayudarle a empacar. Se despidió de Wichita, arrancó su camión de mudanza atiborrado de cosas y se dirigió hacia el este por la autopista. ¡Ya casi puede sentir el olor del aire salado!

Pero, ¿qué tal si se empieza a cansar después de manejar unas horas? Y, ¿qué pasaría si le empieza a asustar lo mucho que le falta por manejar? Y ¿qué pasaría si empieza a pensar acerca de lo mucho que disfrutó vivir en Kansas todos esos años? Su entusiasmo empieza a menguar y las resoluciones iniciales se debilitan. Está seguro de que va a extrañar a todos sus amigos. Quizás la playa no sea un lugar tan maravilloso, después de todo. Es decir, vamos, ¡va a tomar mucho tiempo llegar allá!

¿Y qué tal si…solo seis o siete horas después de haber salido…llega al imponente río Misisipi? Hmm, piensa. "¡Podría tener una vida muy buena aquí! Claro está, no es el océano, pero es agua de todos modos. Bien, no es la playa, pero tiene arena. Es obvio que no tiene mariscos, pero tiene pescado. Quizá no sea su sueño, pero sigue siendo muy bueno.

Y qué pasaría si se estaciona, lo piensa por un momento, y decide: Este lugar no está nada mal. Me voy a quedar aquí.

Ahora bien, si usted vive en Wichita, o en cualquier parte a lo largo del río Misisipi, no se enoje conmigo; es encantador vivir en esos lugares. (Lo sé

> *Siempre que nos conformamos (o cedemos) por algo menor a nuestro destino, nos cuesta algo.*

porque vivo en San Luis, Misuri, y el Misisipi lo atraviesa). Solamente estoy usando esos lugares como ejemplos. Donde sea que esté su hogar, quiero que se involucre en este ejercicio de "qué tal si" porque hay una lección de vida importante y quiero que comprenda: siempre que usted se dispone a alcanzar el océano, pero se conforma con un río, se pierde de algo.

He visto esta verdad revelada una y otra vez en mi propia vida y en la vida de otros. Siempre que nos conformamos (o cedemos) por algo menor a nuestro destino, nos cuesta algo.

Si nos proponemos amar a las personas, pero nos conformamos con tolerarlas, nos perdemos de relaciones profundas y duraderas.

Si nos proponemos estudiar la Palabra de Dios, pero nos conformamos con leerla de vez en cuando, cuando nos convenga, nos perdemos de tener un cimiento sólido en nuestra vida.

Si nos proponemos a ser el mejor empleado que podamos, pero nos conformamos con ser un buen empleado cuando el jefe está cerca, nos perdemos de la satisfacción de un trabajo bien hecho.

> *La mediocridad es fácil, todos pueden hacerlo, pero tiene un costo.*

Si nos proponemos terminar un proyecto con excelencia, pero nos conformamos solo que terminarlo con el mejor esfuerzo posible, nos perdemos de la recompensa y el reconocimiento que acompañan a un espíritu de excelencia.

La mediocridad es el punto intermedio entre dos destinos. Siempre se oculta cuando hay conflicto y se detiene cuando hay problemas. La mediocridad es fácil, cualquiera puede hacerlo, pero tiene un costo. Nos cuesta nuestros logros. Nos cuesta nuestra satisfacción. Nos cuesta el gozo verdadero. Es completamente posible que usted pueda hacer que su día sea mejor cuando rechaza la mediocridad y toma la decisión de ser excelente en todo lo que haga hoy y todos los días.

Es solamente cuando se rehúsa a conformarse con la mediocridad que realmente empieza a disfrutar cada día y experimenta la vida victoriosa, abundante, que Jesús vino a darle.

¿Está en Canaán o en Harán?

Recuerdo cuando vi este principio en la Palabra de Dios por primera vez: rehusarse a conformarse con la mediocridad. Es un versículo oscuro, y lo pasará por alto si no busca cuidadosamente, (otra razón por la que es tan importante estudiar la Palabra de Dios, no solamente leerla), pero definitivamente está allí para que aprendamos de él.

Génesis 11, es un capítulo que está casi lleno de genealogías. Ya sabe, fulano de tal fue padre de mengano de tal. Es cierto que las genealogías no siempre son los capítulos más emocionantes de la Biblia y que, a veces, somos tentados a pasarlos por alto. Sin embargo, eso sería un error. Hay mucho que recopilar de estos pasajes de la Escritura. Génesis 11:31 es un ejemplo perfecto.

Todos hemos escuchado acerca de Abraham, pero en Génesis 11:31 obtenemos un extraño vistazo en la vida de su padre, Taré. Taré tuvo tres hijos: Abraham, Nacor y Harán. Y en Génesis 11:31, aprendemos esto de Taré:

> Y tomó Taré a Abram su hijo, y a Lot hijo
> de Harán, hijo de su hijo, y a Sarai su nuera,
> mujer de Abram su hijo, y salió con ellos de Ur
> de los caldeos, para ir a la tierra de Canaán; y
> vinieron hasta Harán, y se quedaron allí.

¿Lo vio? Taré se propuso ir a Canaán, pero se quedó en Harán. Esto es como nuestro ejercicio "qué tal si". Su destino era Canaán, pero se conformó con Harán.

Me pregunto cuántas personas tienen un destino, pero se conforman con menos. Ya sea en su trabajo, sus relaciones, la forma en que se cuidan a sí mismos, su caminar con Dios: ¿cuántas veces tienen una meta, pero se conforman con mucho menos que lo mejor de Dios?

Permítame hacer esto más personal: ¿Cuántas veces se ha conformado con la mediocridad? ¿Cuántas veces se ha propuesto llegar a Canaán, pero se conformó con Harán? ¿Está obedeciendo a Dios en algunas cosas en vez de en todo? ¿Está perdonando algunas ofensas en lugar de todas? ¿Le está dando a Dios control de parte de su vida, pero no toda? ¿Le está pidiendo a Dios que cambie a otros sin pedirle que Él obre en su vida?

Todas esas cosas son imágenes de la mediocridad. Son

el punto medio entre dos destinos. Su intención es buena (quiere obtener el océano), pero su determinación es insuficiente (se conforma con un río). En lugar de esforzarse por la excelencia, ha descansado en la mediocridad. Y siempre que haga eso, pronto llegará la frustración. Si verdaderamente quiere dar un paso importante para disfrutar cada nuevo día, permítame pedirle que lo piense de nuevo...

¿Qué tal si?

Volviendo a nuestra ilustración original, veamos "qué tal si" de manera diferente: ¿Qué tal si hubiera seguido manejando hacia la playa, aunque estuviera cansada por la carretera? ¿Qué tal si hubiera resistido la tentación de ver hacia atrás escogiendo ver solamente hacia adelante? ¿Qué tal si se hubiera rehusado a conformarse con un río cuando el océano era su sueño?

La respuesta es sencilla. Usted habría vivido su sueño: agua salada, arena blanca, ¡pescado fresco para cenar! Si hubiera estado lo suficientemente determinado para buscar la excelencia en lugar de conformarse con menos, habría experimentado las mieles de su destino. Con eso en mente, permítame sacar esto de la ilustración y trasladarlo a la vida real:

- ¿Qué tal si le diera a Dios todo de usted?
- ¿Qué tal si enfrentara los problemas en lugar de huir de ellos?
- ¿Qué tal si se exigiera lo mejor de sí mismo en vez de lo "mediocre"?
- ¿Qué tal si hiciera hoy lo que podría posponer hasta mañana?
- ¿Qué tal si se aferrara a su integridad al cumplir siempre con su palabra?
- ¿Qué tal si elige ser excelente cuando el mundo que lo rodea es mediocre?

No sé dónde se encuentra en su vida o en su caminar con Dios en este momento, pero sí sé esto: Si se rehúsa a conformarse con la mediocridad, estará en camino para experimentar lo mejor de Dios. Si no lo hace, entonces se dirige a la decepción, insatisfacción y a la falta de cumplimiento. En sus relaciones, en su salud, en su familia, en su carrera y en su fe: Dios tiene más reservado de lo que usted pueda imaginar. Siga conduciendo... ¡llegará a la playa cuando menos lo espere!

Lo que debe recordar:

- Cada vez que cede y se detiene antes de llegar a su destino, se pierde de algo.
- Taré, el padre de Abraham, iba camino a Canaán, pero "se quedó" (conformó) en Harán. ¿Cuántas veces nos hemos conformado con Harán cuando Canaán está solo a la vuelta de la esquina?
- Mediocridad es sencillamente el punto medio entre dos destinos.
- Los problemas y las dificultades nos tientan a rendirnos. Si se esfuerza más allá de los obstáculos, experimentará lo mejor de Dios para su vida.

Sugerencias para poner en práctica
"Niéguese a conformarse"

- En lugar de quejarse por la mediocridad de los demás, búsquela en su propia vida. ¿Hay áreas en donde se ha "conformado"?

- Encuentre algo en su horario que no está rindiendo buen fruto y renuncie a ello, así tendrá más tiempo y energía en algo más que en verdad es importante para usted.

- Si hay áreas en su vida en donde siente que se ha conformado con menos en lugar de lo mejor, no se condene. Mejor sea proactivo. Piense en formas en que puede mejorar la situación y empiece a poner esas cosas en su lugar.

- Vea las tareas que tiene para el día de hoy. Elija hacer cada una de ellas con excelencia y ¡hágalas!

CAPÍTULO 8

Invierta en sí mismo

*Su éxito depende principalmente de lo que piensa
de sí mismo y de si cree en usted.*
—William J. H. Boetcker

Cuando escuchamos las palabras "invertir" o "inversión", nuestra mente piensa naturalmente, en finanzas. Podríamos visualizar *agentes de inversión* vistiendo un traje elegante y gritando números en el piso de la Bolsa de Nueva York. O podríamos pensar en un empresario en la familia que nos invitó a participar en una *oportunidad de inversión* en la que podríamos entrar "desde abajo". Invertir le toca el alma a mucha gente que *invierte* periódicamente parte de su sueldo, preparándose para el retiro.

No soy economista ni consultora financiera, pero el concepto de invertir es muy sencillo: Mientras más invierta, durante más tiempo, de la mejor manera, tendrá mejor retorno de su inversión. Dicho de otro modo: Mientras más meta...recibirá mucho más después. Los beneficios de invertir sabiamente son muchos: seguridad financiera, matrícula universitaria para sus hijos o nietos, un retiro cómodo, la oportunidad de hacer cosas nuevas como viajar, y (lo favorito de Dave)...¡golf, golf, golf! No es fácil, invertir requiere disciplina y sacrificio, pero al final paga bien.

Tan importante como lo es todo eso, creo que hay un tipo de inversión que es mucho más importante que el financiero. Y esa inversión es tomar la oportunidad diaria para invertir en usted. Su salud, su paz mental, su crecimiento personal, su gozo y felicidad; estas son todas las cosas que son impactadas por lo poco o lo mucho que usted invierta en su propia vida.

Y muy parecido a la inversión financiera, mientras más invierta en sí mismo, durante más tiempo, y de la mejor manera, todo determinará el tipo de retorno que va a recibir de su inversión. Si ahora es disciplinado para invertir apropiadamente en su salud y bienestar, los beneficios físicos, emocionales y espirituales llegarán a montón. Por eso "invertir en usted" es una de las mejores maneras en que puede hacer que cada día sea mejor. Le ayuda hoy…¡pero también le ayuda en los próximos días, semanas, meses y años!

> *Mientras más invierta en sí mismo, durante más tiempo, y de la mejor manera, todo determinará el tipo de retorno que va a recibir de su inversión.*

Quiero presentarle algunas maneras específicas para invertir en usted, pero primero quiero hacerle esta pregunta:

¿Por qué no tenemos mejor cuidado de nosotros?

Es verdaderamente desconcertante. Si reconocemos la importancia de invertir financieramente, ¿por qué no invertimos en el resto de nuestra vida: en lo físico, emocional y espiritual? Conozco a tanta gente que no está teniendo cuidado de sí misma (y durante mucho tiempo yo era parte de esa gente). Va por la vida, débil, exhausta y desanimada, tratando de mantenerse a flote. Su vida sería mucho mejor si, sencillamente, invirtiera en sí misma. Permítame compartirle algunas razones por las que las personas (quizá incluso usted) descuidan el cuidado de sí mismas.

1. Podríamos sentir que somos egoístas si gastamos tiempo y dinero en nosotros mismos. Sin embargo, la verdad es que, si no tenemos cuidado de nosotros mismos, con el tiempo, no tendremos nada que darle a nadie más. El mejor regalo que puede darle a su familia y amigos es que usted esté saludable.

2. No tenemos la información apropiada. Durante muchos años, se nos ha inundado con comida preempacada, procesada, comida rápida, dietas pasajeras, falta de información y desinformación. Todo esto nos ha dejado con tanta confusión acerca de lo que realmente es sano y lo que no. Y no es solo comida; durante años se nos ha vendido libros superficiales de autoayuda y estrategias cuestionables de "éxito instantáneo" que se aprovechan de nuestro deseo de soluciones rápidas que no requieren esfuerzo de parte nuestra. Lo que realmente necesitamos es información apropiada que no dé respuestas verdaderas para nuestras necesidades físicas, emocionales y espirituales.

3. Estamos muy ocupados para hacer ejercicio. Hasta hace poco, el ejercicio abundaba a lo largo de un día ordinario. La gente caminaba mucho, trabajaba duro y sacaba las toxinas con el sudor de su cuerpo. Sin embargo, hoy día, para poder hacer un poco de ejercicio tenemos que programarlo en nuestros horarios y debemos hacerlo a propósito. Pero estamos ocupados, así que en vez de invertir en nuestro cuerpo, llenamos el calendario con otras actividades, muchas de las cuales son estresantes y, en realidad, golpean la energía que sí tenemos.

4. Hemos permitido que los anuncios y los medios dañen la imagen de nuestro cuerpo. Para vender sus productos, los anunciantes nos dan mensajes mezclados. Por un lado, nos inundan con mensajes de imágenes peligrosas e inalcanzables de lo que la belleza debería ser, a fin de vender sus productos del cuidado de la piel, la ropa y otros accesorios. Al mismo tiempo, los fabricantes de comida no saludable, preempacada, gastan su dinero de publicidad para que compremos sus productos. Con toda esta información en conflicto, mucha gente no sabe qué pensar acerca de la imagen corporal. Necesitamos reprogramar nuestra imagen interna de lo que es una persona saludable y no ser tan prontos para creer cada anuncio que vemos.

5. Hemos permitido que nuestra vida se vuelva demasiado agitada. Debido a las increíbles presiones de hacer malabares con la carrera y la paternidad, pagos elevados de hipoteca, cuentas exageradas y el agotamiento de la energía o recursos por llevar una vida demasiado ocupada. Es muy difícil invertir en una vida saludable. Es mucho más fácil hacer a un lado el ejercicio y comprar una hamburguesa en el corre corre. Es una tentación diaria dormir menos para ponerse al día con el trabajo o con algo más, relacionado al trabajo. Lo triste es que estamos permitiendo que nuestra agenda ocupada exprima todo lo que alguna vez nos dio placer. La vida es un regalo y tiene la intensión de ser alegre —debemos reducir la velocidad y disfrutar ese regalo.

6. Estamos tratando de hacer las cosas solos. Cuando no tenemos un buen sistema de soporte o un fundamento bueno para mantener nuestros espíritus en alto, se facilita deslizarnos en malos hábitos arraigados en la soledad y en el desánimo. Necesitamos dedicar habitualmente tiempo en comunión con Dios, pidiéndole que nos dé la sabiduría para vivir saludablemente, y recuerde que no necesitamos ir a un lugar especial para hablar con Dios pues Él está en todo lugar, todo el tiempo y siempre dispuesto a escucharnos. También necesitamos tener a las personas correctas a nuestro alrededor, que nos animen y nos hablen si nos estamos alejando del balance. Las amistades excelentes y el apoyo compasivo pueden hacer la diferencia entre la vida saludable y la no saludable.

7. Hemos olvidado nuestro propio valor. Creo que esta es la razón más grande por la que incumplimos con tener cuidado de nosotros mismos. Si no entiende cuán importante usted es para Dios, cuidarse a sí mismo, no tiene sentido. Es muy importante recordarse a sí mismo su valor y su lugar en el plan de Dios. Usted está consigo mismo todo el tiempo y si no se valora, no puede disfrutar el día.

Aprenda a valorarse a sí mismo para invertir en usted

Todos entendemos que tenemos relaciones con otras personas, pero ¿alguna vez se le ocurrió que tiene una relación consigo mismo? Piense en esto: Usted pasa más tiempo con consigo que con cualquier otra persona. Usted es la persona de la que jamás se puede alejar. En algún punto en su vida, probablemente fue a la escuela con otro estudiante, o trabajó con alguien con quien realmente no se llevaba bien. Eso puede ser frustrante, pero por lo menos estaba con usted mismo cuando llegaba a casa todas las noches. Usted no puede alejarse de sí mismo, ni siquiera por un segundo, así que es muy importante que tenga paz con sí mismo y valore a la persona que Dios creó en usted.

No importa lo que la sociedad o la cultura diga acerca de su valor, ¡lo único que importa es lo que Dios dice! El ampliamente respetado teólogo danés Søren Kierkegaard, cierta vez contó una parábola acerca de dos ladrones que entraron a una joyería. En lugar de robar la joyería, simplemente cambiaron las etiquetas de precios. Colocaron etiquetas con precios altos en la joyería que era barata y las etiquetas con precios bajos en las gemas más valiosas. Durante varias semanas, nadie se dio cuenta. La gente pagaba precios extravagantes por la joyería más barata y precios mínimos por las joyas más finas. El punto de Kierkegaard fue bastante obvio:

vivimos en un mundo en donde alguien ha cambiado las etiquetas de los precios.

- El mundo puede etiquetarlo como una persona sin valor, pero Dios lo etiqueta como su obra maestra (vea Efesios 2:10).
- El mundo puede etiquetarlo como un accidente, pero Dios lo etiqueta como creado asombrosa y maravillosamente (vea Salmo 139:14).
- El mundo puede etiquetarlo como rechazado, pero Dios lo etiqueta como escogido (vea Colosenses 3:12) y profundamente amado (vea Jeremías 31:3).

Cuando se siente sin valor, rechazado, inferior o insignificante, todo lo que tiene que hacer es cambiar las etiquetas de precio. Esa etiqueta puede ser lo que alguien dijo de usted o cómo la sociedad le hace

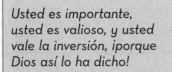

Usted es importante, usted es valioso, y usted vale la inversión, ¡porque Dios así lo ha dicho!

sentir, pero no es lo que Dios dice. Y la opinión de Dios es lo único que importa. Usted es importante, usted es valioso, y usted vale la inversión, ¡porque Dios así lo ha dicho!

Debemos alcanzar un punto donde nos valoremos a nosotros mismos, no por orgullo ni arrogancia, sino por la confianza en quienes somos en Cristo. Debemos ser capaces de decir: "Sé que Dios me ama, así que puedo amar y valorar lo que Dios elija amar y valorar. No me gusta todo lo que hago, pero me acepto porque Dios me acepta". Podemos aprender a tener madurez espiritual la suficiente para entender que, aun cuando Dios nos muestre un cambio necesario en nosotros, Él lo hace por amor y porque anhela lo mejor para nosotros. Podemos decir: "Creo que Dios me está cambiando cada día, pero durante este proceso, no subestimaré lo que Dios valora. Me aceptaré a sí mismo porque Dios me acepta. Jesús ve lo que soy en este momento, pero Él también ve en lo que me estoy convirtiendo, y Dios me ama en cada etapa de mi crecimiento y madurez como su hijo".

Cuando empieza a verse a sí mismo como Dios lo ve, alguien valioso y preciado, la perspectiva de usted mismo empezará a cambiar. Se verá como una persona en quien vale la pena invertir. Ahora que sabe que usted es valioso y que vale la pena invertir en usted, permítame darle algunas formas específicas en que lo puede hacer. Estas pueden ser cosas en las que nunca había pensado, o solo pueden ser recordatorios de cosas que usted sabe que son importantes. De cualquier manera, permita que esta lista le sirva como motivación para empezar a invertir en usted mismo: en su espíritu, alma y cuerpo.

Usted puede invertir en sí mismo cuando:

- Decida hacer un poco de ejercicio cada día. Camine, corra, nade, levante pesas, haga algún deporte con los niños; cualquier cosa que decida hacer, haga un plan y aférrese a eso.
- Duerma lo necesario. Si no puede levantarse más tarde por las responsabilidades en la mañana, sea lo suficiente disciplinado para ir a dormir más temprano. La cantidad apropiada de sueño es importante para cuidar su cuerpo.
- Nutra y desarrolle su mente. Lea libros, sea creativo, aumente su vocabulario, mantenga activo su cerebro. Encuentre formas de estimular su mente e incremente su aprendizaje.
- Elimine hábitos destructivos y no saludables. No más excusas. Hoy puede ser el día en que finalmente renuncie a esos hábitos que están arruinando su salud y robándole la paz.

- Empiece un hábito nuevo, saludable. La mejor forma de dejar un hábito malo ¡es empezar con uno bueno! ¿Hay algo que encuentra interesante que podría ser una nueva parte saludable de su vida? Reír más, jardinería, caminar con su mascota, comer más comida orgánica, ¡sea creativo!

- Cambie su dieta. Hay demasiada información en estos últimos tiempos acerca del valor nutritivo de la comida que está consumiendo. Esto no sucedía antes, pero afortunadamente, podemos obtener información cada vez mejor sobre nuestra comida y las diferentes opciones nutritivas. Si queremos sentirnos y vernos mejor, es importante que nos eduquemos en cuanto a lo que comemos y que estemos conscientes de lo que comemos.

- Busque sus destrezas y desarrolle sus talentos. Encuentre las cosas en las que usted es naturalmente bueno, dedique tiempo practicándolas y perfeccione el arte. Si dedica tiempo y esfuerzo en desarrollar las destrezas que Dios le ha dado, se sorprenderá con las puertas de oportunidad que se le abrirán.

- Deje de hacer cosas que le roban el tiempo y destruyen su gozo. No siempre hacemos todo lo que queremos hacer; todos tenemos tareas y obligaciones que requieren nuestra atención. Sin embargo, muchas veces permitimos que cosas innecesarias nos roben el tiempo. Si hay algo que le está presionando o desperdiciando su tiempo, deshágase de ello. La vida es demasiado corta para desperdiciarla en cosas que no son productivas y que son estresantes. Busque lo que en verdad le encanta hacer, y asegúrese que dedica tiempo en su horario para hacerlo.

Construya su confianza. He descubierto que una persona segura de sí misma, es una persona más feliz. Estudie lo que Dios tiene que decir acerca de usted. Rodéese de personas que le animarán y le inspirarán. Enfóquese en sus fortalezas y no en sus debilidades. Esas son clave para tener confianza.

Estas son algunas de las muchas, muchas formas en que puede invertir en sí mismo. Cuando las lea, probablemente se le ocurran algunas otras ideas. Cualquier cosa que elija hacer, recuerde que esa inversión requiere disciplina e incluso sacrificio. No siempre es fácil al principio y puede tomar tiempo para desarrollar estos hábitos nuevos, saludables; pero hay una cosa de la que puede estar seguro acerca de invertir en sí mismo...siempre vale la pena a largo plazo. ¡Dios quiere que invierta en usted!

Lo que debe recordar

- ¡Invierta en sí mismo!
- Muchas veces fracasamos en cuidar de nosotros mismos porque no nos vemos de la misma forma que Dios nos ve.
- No permita que las carreras de la vida le impidan dedicar el tiempo necesario para ejercitarse, descansar y comer apropiadamente.
- Acéptese y vea el valor en sí mismo usted mismo no de una forma orgullosa o arrogante; sencillamente es darse cuenta que usted es un hijo de Dios. Ya que usted es valioso para Él, debe valorarse a sí mismo.
- Invertir en usted requiere disciplina y sacrificio, pero vale la pena a largo plazo.

Sugerencias para poner en práctica "Invierta en sí mismo"

- Busque un sistema de registro de datos y úselo para evaluar su rutina diaria. Mire cuántas cosas en la lista de hoy son depósitos en su vida y cuántas cosas son retiros.

- Elabore unas "etiquetas para precios". En lugar de lo que el mundo dice de usted, escriba en las etiquetas algunas cosas que Dios dice y lo que le gusta de usted.

- Cuéntele a su cónyuge o amigo algo que va a hacer hoy para invertir en usted mismo. Pídale que, al final del día, lo llame para ver si pudo llevar a cabo lo que planificó. Saber que va a recibir una llamada telefónica será un incentivo adicional.

CAPÍTULO 9

Sea intrépido

La vida es una gran aventura, o no es nada.

—Helen Keller

¿Puede recordar un evento o una época de su vida cuando todo era una aventura? Quizá fue cuando era niño e iba con sus padres a unas emocionantes vacaciones familiares. O quizá fue la euforia de mudarse para ir a la universidad. Quizá mira hacia atrás acariciando los primeros años de matrimonio cuando todo parecía nuevo y fresco. La aventura viene en muchas formas. No tiene que ser un amante de la adrenalina para tener un espíritu de aventura. Usted puede tener aventuras en su carrera, con su familia, en su tiempo libre, y hasta en su relación con Dios. Eso me ha pasado a mí.

¿Recuerda esos remolques antiguos, estilo burbuja de los años '50? Ya no se ven mucho, pero solían ser muy populares en las autopistas de los Estados Unidos. Eran magníficos para guardar cosas, no eran un remolque pesado y parecían…bueno, se veían como *burbujas*. Cada vez que Dave y yo vemos uno de esos remolques, me recuerda una época de aventura en nuestro ministerio y en nuestro matrimonio. Mire, al principio de nuestro matrimonio, un remolque de burbuja era lo que usábamos para llevar el equipo de nuestro ministerio a donde fuéramos. Nuestro equipo ministerial no era, ni de cerca, tan grande como lo es ahora. En esos primeros días, éramos solo Dave, yo y un joven que cantaba y tocaba la guitarra.

Aún lo recuerdo, aunque fue difícil, estábamos muy

emocionados solo de estar ministrando la Palabra de Dios. Nuestras reuniones eran muy pequeñas en ese entonces. No viajábamos muy lejos, solamente a varias iglesias y lugares dentro y en los alrededores de San Luis. No sabíamos con seguridad lo que Dios estaba haciendo tras bambalinas, pero teníamos grandes sueños para el futuro. Eran días mezclados de temor y emoción, días de escasas finanzas, mucho trabajo duro, desilusiones y emoción extrema; sin embargo, ahora estamos aquí y las cosas, sin duda, han cambiado desde entonces.

Por la gracia de Dios, podemos enseñar la Palabra y compartir el amor de Cristo con personas alrededor del mundo. Hemos visto a miles de personas ser salvas en las cruzadas, a incontables niños ser alimentados y recibir cuidado en países del tercer mundo, nuestro programa de televisión llega a países en todos los continentes y millones son ministrados por medio de nuestras diferentes iniciativas misioneras. Y he de admitir que, a veces, he perdido la sensación de aventura y me he quedado en el "trabajo y la responsabilidad" de todo ello. Pero cuando lo hago, siempre tengo la sensación de que me falta gozo y me propongo volver a ser intrépida.

> *Si ve cada día de su vida como una gran oportunidad en lugar de una obligación aburrida, ¡la aventura cobra vida!*

Creo que tener un espíritu de aventura es crucial para disfrutar de la vida que Dios le ha dado. La aventura no tiene que ser algo caro o desmesurado, mi historia comprueba que usted puede ser intrépido haciendo algo tan simple como llevar un remolque. Se trata de su perspectiva. Si ve cada día de su vida como una gran oportunidad en lugar de una obligación aburrida, ¡la aventura cobra vida! Tenga presente que usted está en un recorrido con Dios y ¿qué puede ser más emocionante e intrépido que eso?

- Usted puede cambiar un viaje al parque con sus hijos o nietos en una búsqueda de tesoros. ¡*Aventura*!
- Puede hacer un cambio radical en una cita. En lugar de ir al mismo restaurante y al cine, explore un nuevo lugar para comer y una nueva actividad para hacer después de la cena. ¡*Aventura*!
- Su trabajo no tiene que ser aburrido. Puede romper paradigmas, proponiendo una nueva estrategia o tomando la iniciativa con una idea audaz. ¡*Aventura*!
- En lugar de quedarse a salvo en su zona espiritual de confort, ¿por qué no anotarse para servir en nuevo ministerio o ir en un viaje misionero? ¡*Aventura*!

Para poder hacer que cada día sea mejor, uno de los pasos que más se disfrutan es hacer de cada día algún tipo de aventura. Ser intrépido tiene que ver más con nuestra actitud que con cualquier otra cosa. No sea una persona amargada, de las que se sientan a contemplar envidiosamente la vida emocionante de su amigo, vecino o compañero de trabajo. *"Bueno, si yo tuviera una cantidad de dinero así…"* o *"¡desearía tener tanto tiempo libre como ellos!"*. No envidie a los demás y no invente excusas.

No se trata del dinero ni del tiempo; se trata de optar por disfrutar su vida…cada día…pase lo que pase. Todos tendemos a quedarnos en nuestra rutina, y eso no es malo, pero necesitamos mezclar aventura en ello, si no se convertirá en nuestra fuente de miseria y podríamos vivir sin darnos cuenta de lo que nos estamos perdiendo durante años.

Elija ser valiente y no tenga miedo a cometer errores

A lo largo de la Escritura, Dios nos llama a ser valientes, audaces, atrevidos, intrépidos y osados. Si tiene la tendencia a evitar los riesgos en la vida porque tiene miedo a cometer errores, Dios quiere que sepa que a Él le complace cuando, por lo menos, usted es lo suficientemente valiente para intentarlo. No importa si no hace todo exactamente bien. Lo que importa es que dio un paso de fe, creyendo que Dios lo ayudaría.

2 Timoteo 1:7 dice:

> Porque no nos ha dado Dios espíritu de cobardía, sino de poder, de amor y de dominio propio.

Dios nos ha dado un "espíritu de poder", y ¡Él quiere que lo usemos! No se necesita valentía para hacer lo que ya sabemos hacer. El valor verdadero se muestra cuando tiene miedo de hacer algo, pero lo hace de todos modos. La verdad es, no tenemos que ceder al temor jamás, porque podemos pedirle a Dios ayuda siempre que la necesitemos.

> *El valor verdadero se muestra cuando tiene miedo de hacer algo, pero lo hace de todos modos.*

He observado que mucha gente tiene tanto miedo de cometer un error, que no hace nada. Están congeladas por el miedo. En lugar de tener un espíritu de aventura, en vez de intentar algo nuevo, se quedan sentados preguntándose: *"¿Y si me equivoco?". "¿Qué tal si lo arruino?". "¿Y si no lo disfruto?". "¿Qué pensará la gente?".* Esto solo es una pérdida de energía y una manera segura de vivir sin problemas, aburrido y con menos que lo mejor de Dios para nuestra vida. Todos somos humanos. Vamos a cometer errores y a parecer tontos de vez en cuando. Sin embargo, si permitimos que el temor a ser juzgados, criticados o a que se rían de nosotros, nos detenga, nunca progresaremos en la vida. Algunas veces, me canso mucho de comer siempre lo mismo, y he llegado a ser conocida por murmurar sobre el tema, aun recientemente;

pero dudo en probar cosas nuevas porque me preocupa que no me vayan a gustar. Solamente tengo dos opciones, y son estas: (1) Seguir comiendo lo mismo sin disfrutarlo; (2) probar algo nuevo y arriesgarme a que no me guste, pero crear la posibilidad de encontrar algo nuevo ¡que me encante! Es a mí a quien le toca decidir.

En relación a cometer errores, lo que a Dios le importa es nuestro corazón...no nuestro desempeño. Dios sabe que no somos perfectos, y eso no le molesta a Él. El problema es que el diablo también lo sabe y él hace todo lo que puede para recordarnos nuestras imperfecciones tantas veces como nosotros lo recibamos. Muchas veces, Satanás ataca sin avisar, y cuando lo hace, necesitamos pelear.

> Porque las armas de nuestra milicia no son carnales, sino poderosas en Dios para la destrucción de fortalezas, derribando argumentos y toda altivez que se levanta contra el conocimiento de Dios, y llevando cautivo todo pensamiento a la obediencia a Cristo.
>
> 2 Corintios 10:4–5

Al enemigo le encanta recordarnos nuestros errores, pero solo porque cometimos un error no significa que seamos un error. El error más grande que podemos cometer es tener miedo de cometer errores.

Le motivo a dejar de ser prisionero del temor a cometer errores, porque usted cometerá errores, todos lo haremos. Dios no pide que no cometa errores. Él le llama a ser valiente. Le llama a no tener temor de enfrentar la vida, dar un paso de fe y en confiar en Él para que lo guíe.

La aventura y la fe van de la mano

Dios tiene grandes aventuras para nuestra vida. Es emocionante cuando Él pone sueños y deseos en nuestro corazón; sin embargo, también puede ser desafiante porque la adversidad siempre viene en contra nuestra cuando intentamos cosas nuevas. Por eso es que muchas personas fracasan al avanzar, los obstáculos en el sendero a seguir las intimidan. Pero en lugar de rendirse ante el pensamiento del desafío, podemos elegir ser valientes, confiados e intrépidos a través de Cristo.

Dios no quiere que vivamos de manera tímida, débil, temerosa ni aburrida. Él quiere que seamos valientes, que tengamos confianza y seamos intrépidos, sin temor a probar algo nuevo. Y nunca deja de sorprenderme lo que Dios puede hacer a través de una persona que, sencillamente, da un paso de fe.

> *Nunca deja de sorprenderme lo que Dios puede hacer a través de una persona que, sencillamente, da un paso de fe.*

Cuando Dios le pide dejar atrás lo que conoce, para ir a una nueva aventura, deje que su Palabra lo anime a seguir avanzando. Porque cuando entra en lo que Dios tiene para usted, su unción hace que lo imposible sea posible. Primera Juan 2:27, dice: *"Pero la unción que vosotros recibisteis de él permanece en vosotros, y no tenéis necesidad de que nadie os enseñe; así como la unción misma os enseña todas las cosas, y es verdadera, y no es mentira, según ella os ha enseñado, permaneced en él"*. Quiero que capten esto: la unción de Dios (su presencia y poder) siempre permanece en usted. Entonces ¿por qué debe vivir una vida aburrida cuando hay una vida fenomenal, intrépida, disponible para usted?

En lugar de ser tímidos y llenos de duda cuando enfrentamos los nuevos retos que trae la aventura, podemos aprender a lidiar con ellos de frente. Yo siempre tengo que aplicar este mismo principio en mi vida. Permítame compartirle un ejemplo.

Hace años, nos dimos cuenta que en realidad necesitábamos más espacio para las oficinas. Al mismo tiempo, necesitábamos más empleados, quienes necesitarían más escritorios, computadoras, teléfonos, etc. *Teníamos una opción*. Habíamos orado por crecimiento para poder ayudar a más personas. Y todo aumentó: los pedidos de materiales, las invitaciones a predicar, el número de llamadas que recibíamos, el correo. Era el tiempo de Dios y Él estaba moviéndose. Teníamos que tomar una decisión ya fuera enfocarnos en la oposición o concentrarnos en la oportunidad y avanzar. Si no hubiéramos estado dispuestos a rentar más espacio y a contratar a más personas, no habríamos podido sostener el crecimiento.

Puedo decirle con seguridad que la duda trató de detenerme. Escuchaba cosas como: "Joyce, te estás excediendo"; "eso es demasiado dinero para gastar"; "¿qué tal si el crecimiento se detiene?". Sin embargo, en lugar de quedarnos en lo seguro, dimos un paso de fe. Decidimos continuar avanzando, confiando que Dios proveería todo lo que necesitábamos. Y ¿sabe qué? ¡Eso fue exactamente lo que hizo!

Definitivamente, no queremos movernos en la carne o fuera del tiempo de Dios, pero cuando Dios se mueve, usted no puede tener miedo de moverse con Él. En mi situación, yo tenía la opción de ser guiada por mi cabeza o de seguir la guía del Espíritu Santo. La fe y la aventura van de la mano. Cuando usted permanece en fe y sigue la guía de Dios, siempre es una aventura. ¡Él le llevará más alto y más lejos de lo que usted jamás podría ir por sí mismo!

Su aventura con Dios

Isaías 41:10 dice: *"No temas, porque yo estoy contigo"*. No permita que el temor a algo diferente le impida gozar de algo nuevo. Dios está con usted y Él va a ayudarle. En vez de

> *No permita que el temor a algo diferente le impida gozar de algo nuevo.*

pensar en cuán aterrador es intentar algo diferente, para separarse de su zona de comodidad y cambiar las cosas por completo, piense en cuán maravilloso es cuando Dios hace algo nuevo en su vida. La aventura no es algo para intimidarlo... ¡es algo para vigorizarlo!

¡La vida con Dios es una aventura! Abraham vivió con osadía, Gedeón vivió con osadía, Ester vivió con osadía, David vivió con osadía, Pablo vivió con osadía... y Jesús también. Pídale a Dios que haga que su historia sea emocionante. Ya sea en su matrimonio, en el trabajo, con los niños, en su tiempo libre, busque una aventura nueva y prepárese para ver a Dios haciendo algo increíble en su vida.

Algunas personas necesitan más aventuras que otras, y si usted es una persona que no necesita mucho, entonces no tiene por qué tener una aventura solo porque sí, pero si descubre que su gozo ha desaparecido y está interesado en mejorar sus días, tener una aventura de vez en cuando podría ser justo lo que necesita.

Lo que debe recordar

- Un sentido de aventura es crucial para disfrutar la vida que Dios le ha dado.
- No tiene que ser atrevido o amante de la adrenalina para ser intrépido. Puede tener aventuras en su carrera, con su familia, en su tiempo libre y hasta en su relación con Dios.
- Está bien si comete errores. Lo importante es que dio un paso de fe, confiando en que Dios le ayuda.
- La aventura y la fe van de la mano.

Sugerencias para poner en práctica "Sea intrépido"

- Si la idea de ser intrépido es un nuevo concepto para usted, empiece poco a poco. Consiga notas adhesivas Post-it y escriba una cosa que podría hacer hoy que sería más atrevido que algo que normalmente hace o experimenta.

- Estudie acerca de los hombres y mujeres en la Biblia quienes caminaron en fe, elija la aventura que Dios les llamó a hacer. Ore y pídale a Dios que le ayude a aprender de su ejemplo.

- Si quiere, empiece a hacer un presupuesto para una gran aventura: unas vacaciones, un viaje misionero, cambiar completamente el estilo de su guardarropa; algo que podría experimentar dentro de un año, a partir de ahora.

- Identifique áreas en su vida en donde ha estado cómodo. Desafíese a hacer más, apunte más alto y agregue energía para cada una de esas áreas con la ayuda de Dios.

CAPÍTULO 10

Haga algo que disfrute

No es cuánto tenemos, sino cuánto disfrutamos lo que nos hace felices.

—Charles Spurgeon

Muchas personas tienden a hacer las cosas más complicadas de lo que deberían ser. Puede ser que no sea deliberadamente, pero de todas formas, aveces lo hacen. ¿Le ha sucedido? ¿Alguna vez ha complicado una situación que debería haber sido muy sencilla? De vez en cuando me ha sucedido. De hecho, creo que a la mayoría le ha sucedido esto. La complicación sucede de diversas formas:

- Nos preocupamos y estresamos cuando nos sentimos enfermos y todo lo que necesitamos es tener una buena noche de descanso.
- Entramos en pánico cuando el carro no arranca...y todo lo que necesitaba era gasolina.
- En lugar de olvidar, guardamos rencor contra un amigo que hirió nuestros sentimientos; y ellos ni siquiera saben lo que nos ofendió.
- Pensamos en todas las razones por las que Dios nunca nos amaría, en vez de simplemente creer que su Palabra dice la verdad...Él nos ama incondicionalmente.

Gastamos mucho dinero en equipos para hacer ejercicio que nunca vamos a usar y todo lo que necesitábamos hacer era salir y empezar a caminar.

Como dije, tenemos la tendencia a complicar las cosas.

Bueno, este capítulo es mi protesta oficial contra la complicación excesiva. Y es un capítulo que me ha emocionado escribir desde que empecé a planificar este libro. Me encanta hacer las cosas prácticas... y no llega a ser más práctico que esto: Si quiere hacer que cada día sea mejor, no se complique, ¡solo haga algo que disfrute! Rente una película divertida, salga y reciba la luz del sol; al salir del trabajo, deténgase en una tienda y compre un yogurt, salga a correr con un amigo, tómese un café y relájese, diviértase y disfrute la vida que Jesús vino a darle.

Posiblemente piense, *Joyce, eso no parece muy responsable. Tengo cosas que hacer. Tengo obligaciones. No solo puedo salir cada día a hacer algo que parece ser divertido.* No estoy sugiriendo que deje de cumplir sus obligaciones y responsabilidades, lo que estoy sugiriendo es que le agregue sabor a su vida haciendo algunas cosas que disfruta hacer. Resista la tentación de vivir como mártir. No tiene que estar cargado o abrumado las veinticuatro horas del día para poder tener éxito o aprobación. El trabajo es una parte importante de la vida, pero la vida es más que trabajar. Si la única oportunidad en que se siente bien consigo mismo es cuando está trabajando... está complicando demasiado su vida.

> Si la única oportunidad en que se siente bien consigo mismo es cuando está trabajando... está complicando demasiado su vida.

Soy una persona orientada a las tareas, y en verdad me gusta ir a trabajar y hacer cosas; sin embargo, hace un tiempo, el Señor me enseñó la importancia de bajar el ritmo y hacer tiempo para algunas de las otras cosas que me gustan hacer. Hoy, he estado escribiendo por varias horas, pero en tres diferentes oportunidades he hecho algunas pausas. Una vez fui a traer algo para tomar, salí y me senté en la terraza durante diez minutos para recibir la luz del sol. A veces, pequeñas cosas ayudan bastante. Jesús dijo en Juan 10:10:

> El ladrón no viene sino para hurtar y matar y
> destruir; yo he venido para que tengan vida,
> y para que la tengan en abundancia.

¿No es increíble? Jesús vino para que usted y yo podamos disfrutar nuestra vida. ¡Es bastante sencillo! En el ajetreo del mundo, en la ocupación de cada día, a pesar de las dificultades que enfrente, sin importar las circunstancias en las que se encuentre, sin importar cuánta responsabilidad tenga…Dios quiere que se divierta un poco. La voluntad de Dios es que usted disfrute la vida.

En caso de que esto sea nuevo para usted, o no esté verdaderamente seguro de dónde empezar, permítame compartirle algunas formas para hacer algo que disfrute:

1. Identifique lo que disfruta hacer.

Sabe que la mayoría de la gente dudaría si le preguntara: "¿Qué hace para divertirse?". Recibiría muchas respuestas que empezarían con: "Eeee…" o "Bueno, déjeme pensar…" o incluso: "No estoy seguro. ¿Puedo responderle después?". El hecho es que muchas personas están tan ocupadas y tan cargadas que dejaron de divertirse hace mucho tiempo…y no saben cómo empezar de nuevo. Hace algunos años, yo era una persona así, y en verdad tuve que *aprender* cómo disfrutar la vida.

Ahora tengo varias cosas diferentes que disfruto hacer cuando tengo tiempo libre. Me gusta ver películas verdaderamente buenas, me encanta dedicar tiempo con mis hijos y nietos, me gusta ir de compras, me gusta oler el aroma de una vela, disfruto dedicar tiempo con mis buenas amigas, ¡especialmente con las que me hacen reír!

Soy una persona con una agenda muy ocupada, y no puedo hacer estas cosas siempre, pero he aprendido que, si aparto tiempo para las cosas que disfruto, cuando trabajo soy realmente más productiva. Se trata de tener equilibrio.

¿Cuáles son las cosas que disfruta? Para poder hacer lo que disfruta...tiene que *saber* qué disfruta. Si le gusta ir al gimnasio, ¿puede hacer el tiempo para ir con más frecuencia? Si disfruta tocar algún instrumento, ¿cuándo fue la última vez que lo hizo? Si le gusta disfrutar una buena taza de café, ¿por qué no se sienta y la disfruta en lugar de tragársela antes de salir a trabajar? Identifique lo que disfruta...y permítase disfrutarlo.

2. No espere en el "cuando"

Muchas personas tienen la actitud y la mente fija en que serán verdaderamente felices y disfrutarán de la vida *cuando*. *Cuando* vayan de vacaciones, *cuando* los niños crezcan, *cuando* sean ascendidos en la escalera del éxito laboral, *cuando* se casen, y la lista podría seguir y seguir.

Puedo identificarme con esto porque hubo una vez cuando, a pesar de que me encantaba estar en el ministerio, yo no estaba disfrutando las responsabilidades diarias y las actividades que involucraba. Tuve que aprender a vivir en el momento y disfrutar lo que Dios estaba haciendo en mí y a través de mí *ahora*, no cuando la conferencia terminara o cuando pudiera ir de vacaciones. En verdad quiero que comprenda esto: Dios quiere que usted disfrute la vida *ahora*, no *cuando*.

- Posiblemente esté teniendo un día difícil, pero no espere a que pase otro día para encontrar gozo. Busque algo bueno en cada día.

- Puede ser que no tenga dinero extra para gastar en este momento, pero eso no quiere decir que no puede hacer algo que disfrute. Encuentre una opción económica (o gratuita) y ¡diviértase!
- Tal vez en este momento tenga un hijo de dos años de edad que le hace desear salir huyendo de la casa, pero trate de calmarse y disfrute esta etapa de su vida, porque sucederá solo una vez.

Y si siente que está absolutamente demasiado ocupada para disfrutar algo ahora…

3. Programe o planifique el tiempo para hacer algo que disfrute

Quizás, en realidad no puede detener lo que está haciendo y no puede salir a divertirse, pero seamos sinceros: la mayoría de nosotros, si en realidad no programamos un tiempo para hacer algo divertido o que nos relaje, nunca lo haremos.

> Use el calendario como su aliado, en lugar de que se convierta en su enemigo.

Siempre hay una reunión nueva, una llamada telefónica inesperada, una diligencia que hacer o una emergencia que pospone cualquier diversión o un proyecto agradable. He descubierto que realmente es una buena práctica usar el calendario como su aliado, en lugar de que se convierta en su enemigo. He aprendido a programar tiempo para hacer las cosas que disfruto. Termine con lo que se ha comprometido hasta ahora, pero empiece inmediatamente a planificar algo de diversión en su futuro. Incluso saber que va a tener un receso pronto, le ayudará hoy.

Una vez escuché a una mujer de negocios decir que alguien le había preguntado qué iba a hacer en cierto día. Ella respondió: "Espere, permítame revisar mi horario. Ah, ese día no haré nada".

La otra persona dijo: "Bien. Necesito hacer una cita con usted". Ella respondió amablemente, pero con firmeza: "Ah, creo que no comprende. Ese día no es un día de trabajo para mí. Mi calendario dice que no voy a hacer nada ese día". Ese es un ejemplo perfecto de lo que sería programar un tiempo alejado de la rutina de su vida ocupada, relájese y dedique tiempo para hacer lo que disfruta hacer.

4. Disfrute los pequeños detalles

Dwight L. Moody dijo: "Muchos de nosotros estamos dispuestos a hacer grandes cosas para el Señor, pero pocos estamos dispuestos a hacer pequeños detalles". ¡Es cierto! Y creo que también sucede con las cosas que disfrutamos. La mayoría de nosotros no tenemos dificultades en disfrutar las cosas grandes como celebraciones importantes y anuncios emocionantes, pero muchas veces ignoramos los pequeños detalles.

Muchas veces, son los pequeños detalles en la vida que nos pueden dar mayor gozo: la risa de un bebé, un amanecer hermoso, una cena deliciosa, una película divertida, una buena conversación. ¡He reído más fuerte solo con estar con un par de amigas que viendo muchas películas que se anunciaron como comedia! Dave y yo nos reímos mucho, especialmente en la mañana. Parece ser el tiempo especial de Dave para hacerme bromas. Algunas veces estoy tratando de concentrarme y hacer algo y él disfruta bromear conmigo. Al final, ¡ambos terminamos riendo! Su matrimonio durará si aprenden a reír juntos.

No todos tenemos todas cosas grandes a nuestra disposición, pero todos tenemos pequeños detalles que podemos apreciar y disfrutar. Si usted está teniendo un día no tan bueno, salga a caminar cerca de su casa y agradézcale a Dios porque puede caminar. Abra y cierre el grifo del lavabo, de la ducha, y luego agradézcale a Dios porque tiene suficiente agua limpia y porque no tuvo que caminar durante tres horas para conseguir agua como mucha gente en el mundo tiene que hacer.

Haga cualquier cosa, pero no solo se quede por allí siendo infeliz todo el día. Sea proactivo y haga algo que pueda hacer que su día sea mejor.

5. Sea responsable de su propia felicidad

He aprendido que no puede depender de alguien más para hacerlo feliz. Usted debe ser responsable de su propia felicidad. Hubo un tiempo cuando me compadecía de mí misma si Dave iba a jugar golf al día siguiente de una de nuestras grandes conferencias. Yo quería que él saliera de compras o viera una película conmigo. Pero Dios me mostró que tenemos diferentes formas de relajarnos y desconectarnos. Al ser realistas con las expectativas mutuas, podemos ser libres de hacer lo que realmente disfrutamos.

Cada día está lleno de toda clase de situaciones que podría molestarlo; cosas como perder las llaves del auto o quedarse atrapado en el tránsito. Pero puede optar por estar en paz y en control. Puede hacerse responsable de su propia felicidad, en lugar de responsabilizar a otra gente o situaciones externas.

Es bastante simple

¡Caramba! Piense en todo lo que hemos logrado en este capítulo (hasta ahora, uno de mis capítulos favoritos). Hemos eliminado las complicaciones y hemos arribado a la sencilla pero poderosa conclusión de que una de las mejores formas en que podemos disfrutar cada día es apartando un tiempo para hacer lo que disfrutamos. Y encima de eso, hemos descubierto cinco pasos específicos que nos ayudan a hacer espacio para esas cosas en nuestra vida. Espero que este haya sido un capítulo útil para usted y que pueda volverlo a leer cuando la vida llegue a estar muy ocupada y sus días se pongan difíciles.

Recuerde, disfrutar la vida que Jesús vino a darle no es tan complicada. Si disfruta caminar al aire libre...salga. Si disfruta tejer...relájese y teja. Si disfruta la respostería...¡por supuesto!, hágalo (y coma de lo que haga). Si disfruta leer...bueno, me alegro por usted, ¡está leyendo justo ahora! Cualquier cosa que disfrute hacer...aparte el tiempo para hacer lo que disfruta tanto como le sea posible. Es bastante simple, ¿cierto?

Lo que debe recordar

- Si quiere hacer cada día mejor, ¡haga algo que disfrute! Diviértase y disfrute la vida que Jesús vino a darle.
- No tiene que sentirse cargado o abrumado las veinticuatro horas del día para poder tener éxito o aprobación. El trabajo es una parte importante de la vida, pero la vida es más que el trabajo.
- No espere el *"cuando"* para hacer algo que disfruta. Aproveche al máximo su presente.
- Para la mayoría de personas, si ellos no pueden programan un tiempo para hacer algo divertido o relajante, nunca lo harán.
- Usted puede (y debe) ser la persona que se responsabilice por su felicidad.

Sugerencias para poner en práctica
"Haga algo que disfrute"

- No espere. No posponga. Dedique por lo menos treinta minutos hoy (o más, si lo desea) para hacer algo que, en verdad, en verdad disfrute.

- Haga una lista de las cosas que disfruta. Cosas grandes, y muchas cosas pequeñas. Empiece a escribir pequeñas marcas a la par de las que en realidad aparta tiempo para hacer.

- Hágase estas dos preguntas: "¿Cuándo fue la última vez que hice algo que en verdad disfruto?", y "¿Con qué frecuencia sucede eso?". Si no está satisfecho con las respuestas, tome la determinación para hacer algo para cambiarlo.

CAPÍTULO 11

Viva verdaderamente

Una vez descubiertas, todas las verdades son
fáciles de entender; el punto es descubrirlas.

—Galileo Galilei

Una vez escuché una fábula o parábola que era más o menos así:

Un día, el diablo estaba caminando por ahí con uno de sus cómplices. Estaban evaluando a la humanidad, preguntándose quién debería ser su próximo blanco; en eso, vieron a un joven agacharse y recoger un objeto brillante que estaba quebrado.

"¿Qué encontró?", le preguntó el diablo a su lacayo.

"Un pedazo de verdad", respondió el diablo.

"¿Debería preocuparnos? ¿Te molesta que él haya encontrado un pedazo de la verdad?", preguntó el demonio.

"No", respondió Satanás. "Mientras solo tenga una verdad a medias, le hará más daño que beneficio".

La verdad parcial o diluida puede ser muy peligrosa. Puede atarnos en condenación, convenciéndonos de que somos inferiores o indignos. Quizá no nos demos cuenta en ese momento, pero la verdad parcial nubla nuestro juicio, engaña a nuestro corazón, roba nuestro gozo y distorsiona nuestros motivos. Por ejemplo:

- Si ha escuchado la verdad de que Dios le ama, pero cree que Él solamente le ama cuando usted se *gana* ese amor, ha sido víctima de una verdad parcial. Usted andará por la vida recriminándose, tratando de ganar algo que ha sido dado de manera gratuita (vea Romanos 5:8, 1 Juan 4:19).

- Si ha escuchado la verdad de que el diablo es su enemigo, y entonces va por la vida temiéndole y aterrado sobre cuándo o cómo podría atacarle, usted vive en la opresión de la verdad parcial. Sí tenemos un enemigo, pero él no es algo a lo que deba temer. ¡Dios es más grande! (Vea 1 Juan 4:4.) ¡Podemos resistir al diablo y él tiene que huir! (Vea Santiago 4:7.)

- Si comprende la importancia de las relaciones, pero va por la vida tratando de complacer a quienes le rodean con tal de caerles bien, usted sufre por una verdad parcial. Las amistades y las relaciones fuertes son importantes y pueden ser de mucho beneficio, pero usted no tiene que cambiar su forma de ser para complacer a alguien más. Sea usted mismo, único, valore la creación de Dios en usted. Un verdadero amigo lo amará por quien usted es (vea Salmo 139:14).

Estos ejemplos, y muchos otros similares, demuestran por qué el diablo quiere que usted tenga una vida parcialmente fundamentada en la verdad. Si usted se conforma con menos que la verdad completa, siempre estará frustrado, desanimado y sintiéndose miserable.

> *En vez de ser una víctima confundida, vivir verdaderamente lo convierte en un triunfador seguro en Cristo.*

Sin embargo, una vida basada en la verdad completa, ¡es una vida que verdaderamente puede disfrutar!

No hay nada más poderoso que la verdad completa…o "vivir verdaderamente". La verdad de la Palabra de Dios, la verdad de quien Dios dice que usted es, la verdad de sanidad y liberación, la verdad del perdón y la redención, cambian su vida, ¡son verdades revolucionarias! Cuando usted conoce la verdad (la verdad completa) y decide vivir en el poder de esa verdad, no será víctima de las argucias del enemigo. En vez de ser una víctima confundida, vivir verdaderamente lo convierte en un triunfador seguro en Cristo.

Solo vea lo que la Biblia dice acerca de la verdad (y cómo esa verdad puede impactar su vida):

> Y conoceréis la verdad, y la verdad os hará libres.
>
> Juan 8:32

> Jesús le dijo: Yo soy el camino, y la verdad, y la vida; nadie viene al Padre, sino por mí.
>
> Juan 14:6

> Cercano está Jehová a todos los que le invocan, a todos los que le invocan de veras.
>
> Salmo 145:18

Y uno de mis favoritos:

> Sino que siguiendo la verdad en amor [en todas las cosas, hablando con la verdad, procediendo con la verdad, vivir en la verdad].
>
> Efesios 4:15

Observe que no dice "vivir en duda", "vivir de manera cuestionable", o "vivir en verdad parcial". Pablo dice que podemos vivir en el poder de la verdad de Dios; podemos "vivir verdaderamente".

Creo que vivir verdaderamente es una clave esencial para disfrutar su vida en Cristo. Cuando aprende a encontrar la verdad en su identidad, sus relaciones y su caminar con Dios, ¡todo cambia para mejor! La condenación de las medias verdades se va. El temor que viene con el engaño desaparece. El desánimo de la verdad parcial se desvanece.

Vivir verdaderamente es una vida que trae paz, esperanza y gozo ¡para todos los que la eligen!

No más excusas

Lucas 19:1–10 cuenta la historia de Zacarías, el cobrador de impuestos. Es una historia fascinante de perdón y redención, pero hay otro elemento que quiero mostrarle en esta historia, algo que nunca escuché acerca de alguien más.

Si usted pasó mucho tiempo en la iglesia, probablemente conoce la historia corta. Zaqueo era un cobrador de impuestos del pueblo judío increíblemente mal visto. A pesar de que él era judío, trabajaba para el Imperio Romano opresor, proveyendo fondos para el imperio cruel al cobrar impuestos a sus connacionales, y enriqueciéndose al rellenar sus propios bolsillos en el proceso.

En Lucas 19, cuando Jesús viaja a través de Jericó, Zaqueo escucha del viaje y se une a las multitudes a lo largo de la calle, con la esperanza de ver al rabino y hacedor de milagros de quien tanto se hablaba. Ya que Zaqueo era bajo de estatura, no podía ver por encima de la multitud, así que se subió a un árbol. ¡Qué cuadro! Un tramposo, traidor, enemigo del estado…colgando de la rama de un árbol, con la esperanza de conocer al Salvador.

Allí es donde tomamos la historia en Lucas 19:5. Jesús ve a Zaqueo y le dice que baje del árbol porque Él quiere ir a cenar a la casa de Zaqueo. La multitud murmura, pero en ese momento el deshonesto cobrador de impuestos es cambiado. Sin dudar, "puesto en pie, declaró":

> He aquí, Señor, la mitad de mis bienes [ahora]
> doy [a manera de restauración] a los pobres; y
> si en algo he defraudado a alguno, [ahora] se
> lo devuelvo cuadruplicado.
>
> Lucas 19:8 (corchetes añadidos)

Se han enseñado muchas lecciones y se han predicado muchos sermones acerca del cambio de Zaqueo. El cambio de su corazón es sincero, y en el versículo siguiente, Jesús reconoce eso y dice que la "salvación" ha llegado a su casa. Sin embargo, hay algo más que quiero que vea: Zaqueo no da excusas.

Él no dice: "Bueno, no tuve alternativa porque…" o "Si tan solo supieras bajo cuánta presión estoy…" o "No tuve un hogar muy bueno cuando era niño…" El cobrador de impuestos tramposo no dijo nada de esas cosas. Al ser confrontado por Jesús, Zaqueo enfrenta su problema, se hace responsable de sus errores, restituye donde sea posible y se compromete a cambiar.

Comparto con usted ese relato de la Palabra de Dios porque creo que, para poder experimentar una *vida de vivir verdaderamente*, tenemos que dejar de dar excusas. Excusas por nuestra falta de carácter, excusas por un temperamento acelerado, excusas por nuestra falta de iniciativa, excusas por esa decisión de renunciar, todas estas (y otras) le impedirán experimentar una vida llena de gozo, *vivir verdaderamente*. Si enfrenta sus problemas, se hace responsable de sus propios errores, restituye cuando sea posible y decide cambiar, se sorprenderá de cuánto más disfrutará cada día.

Me doy cuenta de que hay razones por las que cometemos errores y no damos la talla. Entiendo que hay factores que contribuyen a dar forma a nuestras emociones y personalidades. Crecí en un hogar abusivo y, debido a ello, sufrí mucho dolor en la vida, así que comprendo lo que es tener que vencer temores, dudas y disfuncionalidad para poder seguir adelante. Sin embargo, usted no tiene que permitir

> *Usted no tiene que permitir que a las razones de su comportamiento se conviertan en excusas por su comportamiento.*

que las *razones* de su comportamiento se conviertan en excusas para su comportamiento. Puede elegir hacer frente a las cosas y superar su pasado en lugar de vivir como un prisionero de él.

Usted puede tener una vida llena de excusas o una vida llena de gozo, pero no puede tener las dos. Sugiero que elija una vida llena de gozo…una vida para vivir verdaderamente, sin excusas.

- Si hay cosas en su pasado que le están provocando dolor, llévelas ante Dios, obtenga la fe que necesita y elija hacer frente a los problemas. ¡Sin excusas!
- Si comete un error, evalúe qué hizo mal, aprenda de su error e inténtelo de nuevo. ¡Sin excusas!
- Si ha tenido temor de dar el paso y de hacer el intento, admita que ha permitido que el temor lo detenga, pídale fortaleza a Dios y siga adelante…aun si está atemorizado. ¡Sin excusas!
- Si se siente infeliz, pídale a Dios que le muestre la razón verdadera de eso. Quizá se sorprenda al descubrir que hay algo en su actitud que puede ajustarse y luego, dedíquese a disfrutar su día. ¡Sin excusas!

Solo cuando dejemos de dar excusas, vamos a encontrar la libertad. Zaqueo decidió vivir libre de excusas y su vida cambió. Si usted tomó la misma decisión, ¡estoy convencida de que obtendrá el mismo resultado!

La verdad es más grande que sus sentimientos

Henry Augustus Rownland, catedrático de física en la universidad Johns Hopkins, una vez fue llamado como testigo experto en un juicio. Durante la evaluación cruzada, un abogado demandó, "¿Cuáles son sus cualidades como testigo experto en este caso?".

El profesor retirado, normalmente modesto, respondió tranquilamente: "Yo soy el mayor experto viviente sobre el tema en discusión". Más tarde, un amigo muy familiarizado con el carácter de Rowland dijo estar sorprendido ante la respuesta poco común del profesor. Rowland respondió: "Bueno, ¿qué esperaban que hiciera? Yo estaba bajo juramento".

Henry Augustus Rowland sabía esto: Él *era* un experto. Cualquier otra persona que testificara podría ser persuasivo, pero ellos no sabrían la verdad completa que él sabía. Comparto esa historia con usted porque solamente hay un "experto" en lo que se refiere al caso de su vida: su Padre celestial.

Dios lo creó, Él lo conoce y sabe los planes que tiene para usted. Es la Palabra de Dios la que provee la única verdad real para nuestra vida. Vivir

> *Vivir verdaderamente significa verse a sí mismo y a su situación a través del prisma de la Palabra de Dios.*

verdaderamente significa verse a sí mismo y a su situación a través del prisma de la Palabra de Dios. No importa cómo se vean las circunstancias, lo que otras personas digan o incluso si en ese momento se *siente* diferente. Dios es el experto, y su Palabra es la única verdad que importa.

La mayoría de las veces, la gente vive según sus sentimientos. Si presta atención, escuchará a la gente hablar de cómo se sienten casi más que de cualquier otra cosa. Algunas veces me pregunto si estamos sirviendo al dios de nuestros sentimientos más que al Dios de la Biblia. Por ejemplo: alguien dice: "No *siento* que Dios me ama". Bueno, Él sí lo ama. O, "No *siento* que yo tenga mucho futuro". Bueno, sí lo tiene. La Biblia dice claramente que Dios nos ama (vea Juan 3:16) y que Él tiene planes de bien para nosotros (vea Jeremías 29:11). Sin embargo, cuando creemos las mentiras que el enemigo pone en nuestra mente en lugar de la Palabra de Dios, *sentiremos* que las mentiras son verdad y viviremos de esa manera.

La gente que confía en sus emociones comete grandes errores cuando basa sus decisiones en la forma en que se siente en lugar de obedecer a Dios y lo que sabe que es lo correcto. Tenemos que aprender a vivir por encima de nuestros sentimientos y a hacer lo correcto aun cuando lo sintamos mal.

Admito que en mi vida luché contra los sube y baja emocionales hasta que finalmente acepté que, sin importar lo que yo pensara, o cómo me sentía, o qué quería y que no, la Palabra de Dios era la verdad y yo tenía que creer en ella más que nada o más que nadie. Si usted está dispuesto a dar ese paso de fe en este momento, ¡puede decirle adiós a la mayor parte de sus días malos! ¿Por qué lo digo? Porque la mayor parte del tiempo en que tenemos días malos es porque pensamos en algo que no está de acuerdo con la Palabra de Dios, sentimos algo que no está de acuerdo con la Palabra de Dios o queremos algo que no está de acuerdo con la Palabra de Dios. Tuve un sinnúmero de días malos porque el diablo me hizo pensar y sentir culpa sobre algo de lo que yo me había arrepentido y que Dios había perdonado y olvidado.

> Porque seré propicio a sus injusticias, y nunca más me acordaré de sus pecados y de sus iniquidades.
>
> Hebreos 8:12

Recientemente, alguien me pidió que les hablara acerca de disciplina. Ellos querían hacer ejercicio y comer más saludablemente, pero dijeron que tenían dificultad con la disciplina. Esto es algo con lo que la mayoría de nosotros lidiamos, a veces, pero nunca he visto a Dave luchar mucho con la disciplina. Si le preguntara por qué no le es difícil disciplinarse a sí mismo, le diría que él enfoca su mente para que haga lo que él quiere hacer y nunca lo cambia. Dave no es un hombre que se deje llevar por las emociones y no vive de acuerdo a sus emociones (excepto cuando juega golf mal, o cuando conduce detrás de alguien que maneja muy mal). ¡Parece que todos tenemos nuestros límites!

Durante mucho tiempo, cuando me decía que había tomado una decisión, nunca la cambiaba, me irritaba y me enojaba un poco. ¡Recuerdo haberle dicho que quizá él no era humano! Él no tenía problema en algunas áreas, y yo luchaba constantemente hasta que aprendí lo que Dave ya sabía. Si queremos hacer algo que probablemente requerirá algún tipo de sacrificio, no podemos preguntarnos cómo nos sentimos acerca de ello o qué pensamos.

Dentro de poco, iré a India en un viaje ministerial y estaré cuarenta y dos horas en un avión en viaje de ida y vuelta. ¿Cómo me siento al respecto? ¡No me atrevo a preguntármelo! Estoy comprometida a ir, creo que debo ir, podré llevarles el evangelio a algunas personas muy necesitadas; por lo tanto, voy a ir y mis sentimientos tendrán que venir conmigo, les guste o no. Para mí, eso es disciplina.

¿Y usted? ¿Con cuánta frecuencia dice: *"me siento como…"* o *"no siento que…"*? Y luego, ¿cuántas veces esos sentimientos se salen con la suya? ¿Dictan sus sentimientos la manera en que usted trata a la gente? ¿O, lo que usted dice acerca de su situación? ¿Sus sentimientos manejan su vida? ¿Le impiden ejercitarse regularmente, o llevar una dieta saludable y bien balanceada? ¿Le incitan a gastar dinero que no tiene?

Si lo hacen y usted los sigue, ¡definitivamente tendrá muchos días malos! Pero no tiene que ser así. Usted tiene opciones, y puede empezar a ejercerlas hoy. ¿Qué puede hacer para ayudarse a sí mismo hoy? ¿Tiene que estar atrapado en un mal día o podría cambiarlo en este momento si quisiera, haciendo lo que sabe que es correcto en lugar de hacer lo que tiene ganas de hacer?

Podría estar pensando: *"Bueno, ¡no puedo evitar sentirme así!"*. Eso es cierto, estoy totalmente de acuerdo; sin embargo, no use la forma en que se siente como una excusa para no hacer lo correcto. Usted disfrutará un nuevo nivel de confianza ¡cuando empiece a vivir verdaderamente en lugar de emocionalmente!

A veces, me he sentido insegura de predicar en una conferencia. Sin embargo, he decidido confiar en Dios y tengo la confianza de que Él me ayudará. Cuando salgo a enseñar, los sentimientos se inseguridad se han ido. A veces me enojo con Dave y tengo ganas de no hablarle, pero cuando decido orar y pedirle a Dios que me dé la gracia para perdonarlo o para pedirle perdón, he tenido la capacidad de tratarlo de la manera en que Dios quiere que lo haga.

Estoy segura de que a usted le pasa lo mismo. Siempre habrá momentos cuando sienta o no sienta algo, pero la clave aquí es negarse a ser pasivo y tomar una decisión consciente para hacer lo correcto. Enfoque su mente para en estar de acuerdo con Dios y vivir basándose en la verdad de su Palabra. Al igual que todos nosotros, usted fallará a veces, pero puede continuar progresando más y más y tener menos y menos *días malos*.

La vida máxima

La vida máxima es vivir verdaderamente; una vida que se ha apartado de las sombras confusas de la verdad parcial y permanece en la luz de la verdad completa. Nos es solo una vida que deseamos, preguntándonos si acaso podría volverse realidad. ¡Esta es la vida que Jesús prometió! Él dijo en Juan 16:13:

> Pero cuando venga el Espíritu de verdad, él os
> guiará a toda la verdad.

Cuando haga lo que tiene que hacer hoy...y mañana...y el día siguiente, pídale a Dios que le ayude a vivir verdaderamente. Niéguese a conformarse con una verdad a medias, rechace sus propias excusas y las de los demás y elija permanecer en la verdad de la Palabra de Dios ya sea que tenga ganas o no. Cuando toma esas decisiones, ¡ningún enemigo ni obstáculo puede impedirle disfrutar su vida más que nunca!

Lo que debe recordar

- La verdad parcial o diluida puede ser muy peligrosa. Puede atraparnos en la condenación, convenciéndonos de que somos inferiores o indignos.
- Cuando aprende a andar en verdad total en lo que se refiere a su identidad como hijo de Dios, ¡todo cambia para mejor!
- Las excusas le impedirán la experiencia de una vida verdadera y llena de gozo.
- ¿Sirve usted al dios de sus emociones más que al Dios de la Biblia?
- Dios lo creó, Él lo conoce y Él sabe los planes que tiene para usted. La palabra de Dios es la que provee la única verdad real para nuestra vida.

Sugerencias para poner en práctica "Viva verdaderamente"

- Escriba una lista de algunas cosas que ha construido en su vida. ¿Son verdades parciales basadas en su opinión o experiencia, o son verdades totales de la Palabra de Dios?

- Confronte sus excusas. Escríbalas o imprímalas como una "declaración libre de excusas" como la que hizo Zaqueo sobre la clase de vida que iba a vivir a partir de ese momento.

- Identifique algunos "sentimientos" tales como miedo, preocupación o inseguridad, que actualmente están determinando sus acciones en la vida. Enfrente esos sentimientos y elija la verdad de la Palabra de Dios a partir de este punto.

SECCIÓN III

Patrones a romper

...despojémonos de todo peso (peso innecesario) y del pecado que nos asedia (con habilidad y sagacidad), y corramos con paciencia la carrera que tenemos por delante.

Hebreos 12:1 (paréntesis añadido)

CAPÍTULO 12

Diga "no" a la preocupación

El pesar mira atrás, la preocupación mira alrededor,
la fe mira hacia arriba.

—Ralph Waldo Emerson

Si llegara a su casa hoy y encontrara que ha sido infestada con insectos, hablo de los grandes, desagradables, que llevan gérmenes, ¿qué haría? ¿Coexistiría con los insectos repugnantes? ¿Les permitiría escurrirse en la sala, esperando que se vayan finalmente? ¿O, tomaría los pasos necesarios para erradicarlos?

Si fuera yo, le aseguro que no estaría contenta para nada. Yo tomaría una acción inmediata y agresiva. Después de gritar y salir corriendo de la casa, probablemente llamara a todos los exterminadores que se encuentren a ochenta kilómetros a la redonda. Luego, definitivamente, haría que Dave me lleve al hotel más cercano hasta que el problema esté resuelto. No hay manera de que yo me quede en una casa controlada por insectos.

¿Sabe? Es interesante: haríamos cualquier cosa para sacar de nuestro hogar pestes desagradables, dañinas; pero aun así permitimos que nuestra vida esté llena de patrones desagradables y dañinos. ¿Por qué es eso?

Quiero que tenga este cuadro en mente: miedo, temor, ansiedad, estrés y preocupación: estos son insectos emocionales que se escurren por las esquinas de nuestra alma. Al igual que los insectos, estos sentimientos de preocupación no son sanos, son feos y prefieren la oscuridad. En vez de coexistir con la preocupación y la ansiedad, o solo tener la esperanza

> *En vez de coexistir con la preocupación y la ansiedad, o solo tener la esperanza de que se irán, deberíamos tomar acción inmediata y agresiva.*

de que se irán, deberíamos tomar acción inmediata y agresiva. Deberíamos decir enfáticamente: "¡De ningún modo voy a permitir que mi vida sea dirigida por la preocupación!".

El problema de la preocupación

Si está preocupado acerca de algo hoy, eso le drenará la vida energizante y el gozo de lo que Dios quiere que tenga. Sentirse inquieto, abrumado o preocupado parece atacar a tantos. Preocuparse por las dificultades en nuestro mundo y en nuestra vida personal es natural en el ser humano; sin embargo, si no tenemos cuidado, esas preocupaciones se convertirán en temores y angustias irracionales.

Muchas veces, he dicho que la preocupación es como una silla mecedora: siempre está en movimiento, pero nunca lo lleva a ninguna parte. La preocupación es una contradicción directa de la fe, y roba nuestra paz, nos desgasta físicamente y hasta puede enfermarnos. La preocupación es completamente inútil porque nunca mejora nada. Cuando nos preocupamos, nos atormentamos a nosotros mismos; ¡estamos haciendo el trabajo del diablo!

Si preocuparse es tan dañino, ¿por qué seguimos haciéndolo? ¿Y qué hace que sea tan prevalente? Bueno, la mayor causa de preocupación es no confiar en que Dios se encargará de las diferentes situaciones en nuestra vida. Muchas veces ponemos nuestra confianza en nuestras propias capacidades creyendo que podemos adivinar cómo resolver nuestros propios problemas, mejor que Dios. Aun así, después de toda nuestra preocupación y esfuerzo invertido, no lo logramos, somos incapaces de encontrar soluciones adecuadas.

Cuando era muy joven, descubrí de primera mano que la gente herida, hiere; así que yo no confiaba en los demás. Traté de cuidar de mí misma al decidir no depender de nadie que me pudiera herir o

> *¡Nunca nos libraremos de la preocupación hasta que nos volvamos dependientes de Dios!*

decepcionar. Sin embargo, mi vida estaba llena de ansiedad y preocupación. Muchísimas veces, en el mundo nuestras experiencias nos enseñan a andar solos, y aun después de ser cristianos, se requiere mucho tiempo para superarlo. Toda vez que dependemos de nosotros mismos en lugar de confiar en Dios, la preocupación es el resultado natural. Aprender a confiar en Dios es desafiante, pero debemos entender finalmente que tratar de cuidar de todo por nosotros mismos es una tarea demasiado grande. ¡Nunca nos libraremos de la preocupación hasta que nos volvamos dependientes de Dios!

Libérese de esa preocupación... désela a Dios

Uno de mis versículos favoritos está en 1 Pedro 5:6–7. Dice:

> Humillaos, pues, bajo la poderosa mano de Dios, para que él os exalte cuando fuere tiempo; echando toda vuestra ansiedad sobre él, porque él tiene cuidado de vosotros.

¡Qué escritura tan maravillosa! Dios no solo nos invita a darle nuestras preocupaciones, ¡Él nos instruye a hacerlo! Con eso en mente, ¿por qué nos aferramos a nuestras preocupaciones, nuestros problemas y nuestros temores? La manera más segura para encontrar gozo en nuestra vida es seguir las directrices de Dios y estas requieren que dejemos de preocuparnos. Según 1 Pedro 5:6–7, hay dos maneras de hacerlo: (1) Humillarnos a nosotros mismos, y (2) darle nuestra carga a Él.

Muchos de nuestros temores se perpetúan porque somos muy orgullosos como para pedir ayuda o, sí pedimos ayuda, pero nos rehusamos a soltar el asunto. Sin embargo; estas son cinco palabras que quiero que recuerde: El humilde recibe la ayuda. Entonces, si a su manera no funciona, ¿por qué no intentar a la manera de Dios? Estaremos mejor cuando aprendamos a apoyarnos en Dios y a pedirle su ayuda. Pero en tanto tratemos de hacerlo todo por nosotros mismos, Dios nos lo permitirá, Dios no nos fuerza a hacer las cosas a su modo. Es más, Él se hará cargo de nuestros problemas y preocupaciones cuando las soltemos y se las demos a Él. O lo hacemos nosotros o lo hace Dios, pero los dos no lo vamos a hacer.

> *El humilde recibe la ayuda.*

De manera que la cura para la preocupación es humillarnos a nosotros mismos ante Dios dándonos cuenta de que somos sencillamente incapaces de resolver todos nuestros problemas, echando toda nuestra ansiedad sobre Él y confiando en Él. En vez de hacernos miserables al tratar de resolver todo en nuestras propias fuerzas, Dios quiere que pongamos nuestra confianza en Él y que entremos en su descanso, abandonándonos totalmente a su cuidado. Cuando nosotros, sencillamente, confiamos en Dios y soltamos nuestras preocupaciones, Él traerá una cosecha de bendiciones en nuestra vida. Admito que, frecuentemente, me asusta soltar las cosas porque toma tiempo antes de que Dios actúe, sin embargo, ¡nunca llega tarde! ¡Nosotros recibimos las promesas de Dios por la fe y la paciencia!

Una actitud libre de preocupación para una vida libre de preocupación

He aprendido que mi actitud tiene mucho que ver con vivir libre de preocupación. Siempre habrá situaciones que nos provoquen preocupación, pero con la ayuda de Dios podemos vivir por encima de todo eso y disfrutar la vida. Nuestras preocupaciones son causadas por la manera en que abordamos nuestras circunstancias y la actitud que tenemos hacia ellas. Fue un momento clave para mí cuando me di cuenta que el mundo probablemente no cambiaría nunca, pero aprendí cómo cambiar la manera en que yo manejaba las situaciones adversas.

Muchísimas veces meditamos en el problema: haciéndolo sonar en nuestra mente una y otra vez, tratando de descubrir la manera en que las cosas deberían funcionar. Es casi como si estuviéramos diciéndole a Dios: "me parece como que tú necesitas mi ayuda, no estoy segura de que puedas hacerte cargo de esta situación, Señor". ¡Necesitamos darnos cuenta de que Dios no necesita nuestra ayuda! Confiar en Él significa que renunciamos a la preocupación y la ansiedad; eligiendo en su lugar entrar en su descanso con fe sencilla, como la de un niño.

> ¡Necesitamos darnos cuenta de que Dios no necesita nuestra ayuda!

Quiero ser sincera y decir que me doy cuenta totalmente de que aprender a confiar plenamente en Dios es un proceso en nuestra vida. Por lo regular, empezamos con pasos de bebé. Confiamos en Dios "*por*" algo que queremos, y ver que Él lo provee, nos anima a confiar en Él por más. Sin embargo, llega el momento cuando Él quiere que pasemos de sencillamente confiar en Él "por" cosas a confiar en Él "*en*" cosas.

Cuando le damos una preocupación a Dios y nos negamos

a preocuparnos, Él podría enseñarnos algo que quiere que hagamos y podría ser algo en lo que nunca, jamás, hemos pensado. Cuando seguimos su guía, el problema se resuelve sin toda la miseria que pudimos haber tenido al hacerlo a nuestro modo.

Dios no siempre se mueve en el lapso de tiempo que quisiéramos que lo hiciera, así que la espera ¡estira y prueba nuestra fe! Todo está en el plan de Dios. Él quiere ayudarnos con nuestra situación, pero aún más que eso, Él quiere ayudarnos a aprender cómo tener paz en todo tiempo: en los problemas pequeños y en los grandes, y cuando Dios se mueve rápidamente y cuando tenemos que esperar un largo tiempo. Nada es más maravilloso que la paz, y esta llega al rehusarse a preocuparse y aprendiendo la confianza en Dios.

Adiós, preocupación—Hola, paz

He visto muchas vidas consumidas y arruinadas por la preocupación. Durante muchos años, yo era el máximo ejemplo de cuán destructiva podía ser la preocupación. Sin embargo, con el paso del tiempo. A través de un estudio de la Palabra y por la gracia de Dios he aprendido lo inútil de la preocupación y el gozo de confiar en Dios. No soy perfecta, todavía hay días cuando la preocupación se trepa en mí, pero he aprendido mucho. ¡Estoy determinada a continuar!

Quiero que llegue al punto de su vida en que usted pueda decir lo mismo: "¡La preocupación ya no me tiene atrapada! Al igual que todo lo demás que hemos tratado en este libro hasta ahora, es posible que usted no pueda dominar esto antes de que se acabe el día…pero puede empezar antes del final del día. ¡Puede hacer del día de hoy el primer día en que empezó a decirle "no" a la preocupación!

Y en esos momentos cuando se sienta tentado a volver a ese antiguo hábito de ansiedad y preocupación, solo recuerde el cuadro que le di al principio del capítulo. La preocupación, el temor y la ansiedad son los insectos que tratan de escabullirse por las esquinas de su alma. ¡Encienda las luces, llame al exterminador y tome acciones agresivas contra esa peste hoy!

Lo que debe recordar

- Haríamos cualquier cosa para sacar de nuestro hogar pestes desagradables, dañinas; pero aun así permitimos que nuestra vida esté llena de patrones desagradables y dañinos. ¡Es tiempo de hacer un cambio!
- La preocupación está en contradicción directa a la fe, nos roba nuestra paz, nos agota físicamente y hasta puede enfermarnos.
- Dios no solo nos invita a darle nuestras preocupaciones a Él…¡Él nos instruye a que lo hagamos!
- Aprenda a confiar en Dios "en" cosas, en lugar de "por" cosas.
- Siempre habrá situaciones que nos provoquen preocupación, pero con la ayuda de Dios, podemos vivir por encima de todo eso y disfrutar la vida.

Sugerencias para poner en práctica "No preocuparse"

- Dese a sí mismo un título nuevo: "Exterminador de preocupaciones". Cada vez que sienta que se está preocupando, enróllese las mangas y empiece a destruir esa preocupación.

- Escriba las cosas por las que está preocupado y luego haga una bola de ese pedazo de papel. Físicamente "lance" esas preocupaciones a un bote de basura como símbolo para deshacerse de esas cargas y dejárselas al Señor.

- Pídale a Dios que le ayude a entregarle áreas en su vida en donde hay orgullo. Humíllese y dependa de Él para que le ayude y le fortalezca a seguir adelante.

CAPÍTULO 13

Disminuya la velocidad

Para un alivio de rápida acción, intente disminuir la velocidad.

—Lily Tomlin

El paso agitado, ocupado, de la vida es una de las mayores causas que disminuyen nuestro gozo y decrecen nuestra paz. Para muchas personas, su estilo de vida es sencillamente difícil de controlar. Somos como un ratón en la rueda, corriendo cada vez más rápido, pero sin alcanzar nada excepto cansarnos a nosotros mismos. Parece como si estuviéramos haciendo más y más, pero disfrutando la vida menos y menos.

Probablemente, sería más fácil resolver este problema si tuviéramos a quién culpar; ya sabe, una fuerza externa, un villano externo. Sin embargo, la verdad es que muchas veces la culpa está dentro de nosotros. Nosotros somos lo que estamos atados a nuestros teléfonos. Nosotros somos quienes presionamos por más. Nosotros somos los que estamos enviando mensajes de texto, llamando y enviando correos electrónicos al mismo tiempo. Nosotros somos los que nos apresuramos de una sesión a otra. Usted y yo, somos los culpables.

Quizá quisiera no creerlo, pero es la verdad. Permítame hacerle un cuestionario corto para ver si usted tiene el tipo de vida "apurado, conectado".

- ¿Revisa su teléfono como *primera cosa* en la mañana, para ver mensajes de texto, correos, noticias o notificaciones de los medios sociales?

- ¿Se frustra cuando la persona frente a usted maneja muy despacio…pero, en realidad, está manejando al límite de velocidad?
- ¿Se descubre a sí mismo, recostado en la cama, pensando en todas las cosas que quiere terminar al día siguiente y se siente presionado?
- ¿Elije restaurantes o cafeterías según la disponibilidad de internet inalámbrico?
- ¿Es una persona que hace varias cosas a la vez, constantemente?
- Cuando está conversando con alguien, ¿coloca su teléfono sobre la mesa, frente a usted?
- ¿Tiene más "aplicaciones" que amigos?

Si respondió "sí" a la mayoría de estas preguntas, probablemente necesite reflexionar sobre algunas cosas y considerar disminuir la velocidad. No disfrutaremos ningún día que tengamos si estamos en tal prisa, que hasta sabemos poco de lo que sucede a nuestro alrededor.

Sé, por experiencia personal, exactamente cómo es llevar una vida agitada. Yo estoy ocupada con mucha frecuencia, y generalmente, mi pensamiento se anticipa. Apresurarme y no mantener a mi mente enfocada en lo que hago, en realidad hace que pierda tiempo. Cometo errores y hago tonterías que requieren tiempo y esfuerzo para ser corregidas. El otro día, ¡eché el agua para la jarra de café en el área donde se muelen los granos! Fue un gran inconveniente y llevó tiempo limpiarlo. Cuando tomamos el tiempo para disminuir la velocidad, vivir en el momento y, de vez en cuando, desconectarnos, disfrutamos la vida mucho más.

> *Cuando tomamos el tiempo para disminuir la velocidad, vivir en el momento y, de vez en cuando, desconectarnos, disfrutamos la vida mucho más.*

No hay nada de malo en estar ocupado. Y, definitivamente, no hay nada de malo en tener y disfrutar de la tecnología moderna que lo mantienen conectado con sus amigos y con el mundo. Sin embargo, tal como dije antes en este libro, el equilibrio es clave. El exceso—demasiado de cualquier cosa—puede ser destructivo. Por eso es importante optar con regularidad por disminuir la velocidad y desconectarse. Si está teniendo un mal día y ha tomado este libro hoy para ver si hay algo en él que le pueda ayudar, y si encontró casualmente este capítulo…quizá, solo quizá, Dios le esté diciendo a usted que disminuya su velocidad. ¡Tal vez no esté disfrutando su vida porque se ha perdido mucho de ella por estar apresurado!

Permítame darle cinco maneras importantes para disminuir la velocidad y desconectarse:

1. Resista la tentación de sobrecargarse o extralimitarse

Cuando piensa en su vida, ¿descubre que tiene demasiado qué hacer? Sin duda, hoy día esta tiene que ser la queja número uno que escucho. Cuando le pregunto a la gente cómo está, la respuesta más común es: "Joyce, ¡estoy ocupado!". El sentido común nos dice que Dios no va a estresarnos y a guiarnos a hacer más de lo que podemos hacer en paz y con gozo. Por lo tanto, a menos que nosotros seamos los que estamos comprometiéndonos más allá del límite y tratando de hacer demasiadas cosas, deberíamos poder hacer todo lo que verdaderamente necesitamos hacer, y disfrutar el hacerlo.

Entonces, surge la pregunta…¿necesita decir "no" con más frecuencia? Deberíamos estar seguros de que cuando nuestro corazón diga *no* que nuestra boca no esté diciendo *sí*. A veces, tratar de mantener felices a los demás puede hacernos muy infelices. Esta es un área donde realmente necesitamos ser muy cuidadosos, especialmente si no nos gusta "defraudar a las personas". Ser complacientes es una manera segura de vivir sobrecargados.

Además, necesitamos estar seguros de no extralimitarnos al tratar de hacer demasiadas cosas que queremos hacer, ya sea que ese sea el plan de Dios para nosotros, o no. Si estamos haciendo algo que Dios no ha aprobado, Él no está obligado a darnos energía para hacerlo. Creo que una de las mayores razones por la que mucha gente tiene una vida demasiado ocupada es porque avanza por sí misma en lugar de seguir el plan de Dios. Necesitamos pedir la guía de Dios en cuanto a dónde debemos estar involucrados y dónde debemos gastar nuestra energía. Tenemos que aprender a decir "sí" cuando Dios dice "sí" y "no" cuando Él dice "no". Dios nunca lo lleva a hacer tanto que le frustre y haga que no disfrute el día.

2. Revise su ritmo de vida

Si quiere ir al gimnasio y correr en la caminadora, sabe que las caminadoras tienen equipo disponible para que usted pueda revisar la velocidad a la que corre y el ritmo en que late su corazón. Es importante estar pendiente de esto para optimizar su ejercicio y hacerlo de manera saludable.

Bueno, de la misma forma, es importante que usted revise el paso de su vida. Si vigila cuán rápidamente se mueve a través de la vida y la manera en que ese mover está afectando su salud física, mental y emocional, ¡usted optimizará su vida!

¿A la velocidad de quién se mueve? ¿Es al paso que Dios ha puesto para usted o es el paso de alguien más? ¿Se está desgastando por tratar de mantenerse al ritmo de todos los demás? ¿Vive bajo el estrés de la competencia y la comparación? ¿Es perfeccionista con objetivos no reales? Si tiene dificultad para reducir su velocidad, yo sé exactamente cómo se siente. Esto es algo con lo que he estado tratando durante mucho tiempo y, aunque he mejorado, definitivamente no estoy donde necesito estar. Tengo que recordarme a mí misma: "Joyce, ¡reduce la velocidad!". El otro día, estaba comiendo (también tengo tendencia a hacerlo muy rápido) y no mastiqué adecuadamente un pedazo de comida antes de tragarlo. Se quedó atascado en mi esófago y, por un corto minuto, pensé que iba a tener que ir a la sala de urgencias. Oré intensamente y, además, le prometí a Dios que haría un esfuerzo serio para disminuir la velocidad cuando esté comiendo. Verdaderamente me asusté y pensé: *"Bueno, esto es de lo más ridículo"*. Es sencillamente un mal hábito, pero yo puedo formar un nuevo hábito saludable con la ayuda de Dios, y usted también puede hacerlo.

> *¿A la velocidad de quién se mueve? ¿Es al paso que Dios ha puesto para usted o es el paso de alguien más?*

Le insto a revisar el paso de su vida y a ser sincero en su evaluación. Tengo una amiga que está conmigo mucho y que camina y se mueve muy despacio, yo tiendo a molestarme y pienso, ¿en realidad tienes que moverte así de despacio? Pero quizá Dios la ha puesto en mi vida para recordarme constantemente que necesito cambiar mi ritmo. Y quizá ella realmente no sea tan lenta, tal vez yo simplemente soy demasiado rápida.

Yo creo que usted puede tener éxito, contentamiento y felicidad, pero va a requerir de algunas decisiones, posiblemente unas decisiones radicales. Permita que el Espíritu de Dios le lleve de un estilo de vida demasiado agitado a uno con un ritmo más saludable.

3. Siga la guía del Espíritu Santo

Algunas de las decisiones que tomamos son prueba de que necesitamos ayuda para guiar nuestra vida adecuadamente, y por eso exactamente, Dios envió a su Espíritu Santo a vivir en nosotros.

Romanos 7:6 dice que debemos ser guiados por la "persuasión" del Espíritu. Ha habido veces en que he estado cansada y el Espíritu Santo me indica que debo reducir la velocidad y descansar. Sin embargo, en lugar de obedecer, continúo presionándome a mí misma para salir o para tener compañía. Entonces, termino *exhausta*, en lugar de solo estar cansada.

Recuerdo una vez en particular cuando había estado comprando por varias horas y me estaba sintiendo muy cansada. Solamente había comprado la mitad de los artículos que quería comprar, así que me esforcé más. La indicación del Espíritu dentro de mí decía que me detuviera y que me fuera a casa; pero como no había alcanzado mi objetivo, no lo hice. Aunque las otras cosas que tenía intención de comprar no eran necesidades inmediatas, yo no quería irme sin haber alcanzado el objetivo que me había impuesto. Me esforcé al punto del agotamiento, tuve dificultad para pensar claramente. Empecé a ser impaciente con los demás. Incluso, cuando finalmente me fui a casa, estaba abatida y eso afectó mi tiempo con mi familia.

Si hubiera obedecido la indicación del Espíritu y me hubiera ido a casa para calmarme y descansar, habría disfrutado de un buen día en lugar de terminar con uno malo. Podemos evitar muchas situaciones difíciles al solo obedecer las indicaciones del Espíritu Santo. Obedecer es exaltar a Dios por encima de nuestros deseos naturales y egoístas. ¿Está *exhausto…o es Jesús exaltado?*

4. Apague sus aparatos electrónicos por unos minutos cada día.

El tiempo en que vivimos es muy interesante y emocionante. Las maravillas de la tecnología nos han conectado con amigos, familiares y el resto del mundo, más que nunca antes. Podemos enviar fotografías, pensamientos y tener una videoconferencia sin salir de casa. Sin embargo, algunas de las mismas cosas que hacen que nuestros dispositivos móviles sean útiles pueden ser también peligrosas. El hecho de que podamos ser localizados en cualquier momento significa que siempre estamos "disponibles". Y pareciera que estamos constantemente distraídos y absortos por nuestro teléfono, tableta o computadora portátil.

Hasta Jesús se separaba de las demandas de una vida ocupada, Él se "retiraba" a lugares solitarios y oraba (vea Lucas 5:16). Quiere decir que Él evitaba la muchedumbre y se alejaba de sus discípulos. Disminuir la velocidad era importante

> *Si Jesús estuviera en la tierra hoy, tengo la sensación de que Él apagaría su teléfono de vez en cuando.*

para Él, incluso por unos minutos. Si Jesús estuviera en la tierra hoy, tengo la sensación de que Él apagaría su teléfono de vez en cuando. Verdaderamente, no puedo imaginarme a Jesús poniendo su oración en pausa para poder subir una fotografía del cielo en su página de Instagram.

Estoy segura de que usted tiene mucho que hacer, y no tengo duda alguna de que sus aparatos electrónicos sean útiles y valiosos en su vida. No estoy sugiriendo que sean malos o que no debería tenerlos. Sin embargo, lo que digo es que, si no tiene cuidado, sus equipos electrónicos pueden empezar a adueñarse de usted en lugar de que usted sea dueño de ellos. Así que, por qué no considerar desconectarlos por un momento cada día o dejarlos en alguna parte donde no pueda oírlos ni verlos: desconectarse completamente. Use ese tiempo para relajarse, para reflexionar, para respirar o para dar gracias. Ninguno de nosotros es tan importante que debamos estar disponibles a cada momento del día.

5. Disfrute el momento—viva en el ahora.

Una última manera de disminuir la velocidad y desarrollar paz es aprender a vivir "en el ahora". Podemos pasar mucho tiempo tratando de reponer el pasado o trabajando para el futuro... pero no podemos lograr nada a menos que nuestra mente se enfoque en el hoy. No hay manera que pueda disfrutar hoy mientras está pensando en mañana. ¡Hoy importa!

Creo que hay algo especial en cada día que no deberíamos perdernos, y que la única manera de asegurar que no nos lo perdamos es si aprendemos a involucrarnos completamente en lo que hacemos en cada momento del día.

Disfrutar el momento y vivir en el ahora son decisiones valiosas. Es una actitud que dice: "Estoy agradecido por este momento que Dios me ha dado", y esta actitud trae paz y contentamiento.

Pero requiere esfuerzo, ya que enfocarse es algo que aparentemente hemos olvidado cómo se hace. Leí que hace cinco años, el periodo de atención de un adulto se ha desplomado de doce minutos a cinco minutos hoy día. Además, leí que Microsoft hizo un estudio y descubrió que nuestro periodo de atención ¡es menor que el de un pez dorado! Un pez dorado puede enfocarse por nueve segundos, mientras que la mayoría de los adultos solamente puede lograrlo por ocho segundos. No sé cuán precisas son esas estadísticas, pero una cosa es segura, nos vamos a perder de la mayoría de lo que sucede a nuestro alrededor, si no reducimos la velocidad y aprendemos, una vez más, cómo enfocarnos en el momento en que estamos.

Póngalo a prueba

Si usted es como yo, ocupado y siempre atareado, posiblemente leyó este capítulo muy rápido como para darse cuenta de que Dios está tratando de hablarle a través de él. O quizá esté pensando: *"Joyce, estas cinco maneras para disminuir la velocidad suenan bien, pero yo no creo poder ir más despacio, tengo demasiado que hacer".* O quizá usted, como yo, ha tratado de ir más despacio antes y no duró mucho tiempo.

Tomémoslo un día a la vez, y pidámosle al Espíritu Santo que nos muestre cuando vayamos muy rápido. Que tan pronto como estemos conscientes de que nos estamos apresurando o corriendo, podamos disminuir la velocidad allí mismo, y aunque tengamos que hacerlo cien veces cada día, cada vez que lo hagamos, estemos progresando para formar un nuevo hábito saludable.

Por qué no descansar de la lectura un momento y dar un paseo dentro de su casa (si está en casa) lo suficientemente despacio como para ver realmente las cosas hermosas que tiene en su hogar. Algunas de ellas son regalos que le han dado; otras son cosas en las que ha gastado mucho dinero y quizás ni siquiera las ha observado desde hace mucho tiempo. ¡Vaya, tómese un momento para disfrutarlas!

Lo que debe recordar:

- El paso agitado, ocupado, de la vida es una de las mayores causas que reduce nuestro gozo y disminuye nuestra paz.
- No hay nada de malo en estar ocupado. Y, definitivamente, no hay nada de malo en tener y disfrutar la tecnología moderna que lo mantiene conectado con sus amigos y con el mundo. Sin embargo, tal como dije antes en este libro, el equilibrio es clave. El exceso—demasiado de cualquier cosa—puede ser destructivo.
- Pida la guía de Dios acerca de dónde debe estar involucrado y dónde debe invertir su energía.

- Podemos evitar muchas situaciones difíciles al obedecer las indicaciones del Espíritu Santo.
- Por qué no dedicar unos minutos cada día para apagar los aparatos electrónicos: desconectarse completamente. Use ese tiempo para relajarse, reflexionar o para orar.

Sugerencias para poner en práctica "Disminuya la velocidad"

- Haga una lista de los "10 principales". ¿Cuáles son las 10 cosas principales en su semana que hacen que corra y se apresure más? ¿Qué puede hacer con esas cosas? ¿Hay formas creativas de bajar el ritmo y estar en paz?

- Hoy aparte 20 minutos sin televisión, sin teléfono, sin tableta o computadora. Use esos minutos para descansar, orar, relajarse y reflexionar.

- Viva un día a la vez y aprenda cómo disfrutar cada cosa que hace.

CAPÍTULO 14

Rechace el pesimismo

Mi querido amigo, quita de tu mente el "no puedo".

—Samuel Johnson

Usted y yo tenemos más opciones en la vida de lo que podemos darnos cuenta. Quizá no somos capaces de escoger todo lo que experimentamos en un día determinado: el clima, nuestras tareas laborales, la disposición de quienes nos rodean, lo que sucede en las noticias; sin embargo, sí tenemos la opción de cómo reaccionar ante esas experiencias. Recientemente, me encontré con un magnífico recordatorio acerca del poder de nuestra elección:

Me levanté temprano hoy, emocionada por todo lo que tengo la oportunidad de hacer. Tengo responsabilidades que cumplir; mi deber es escoger qué clase de día voy a tener.

Hoy, puedo quejarme de la lluvia o estar agradecida de que el césped reciba agua gratuitamente.

Hoy, puedo sentirme triste por no tener más dinero o puedo estar contenta de que mis finanzas me animan a planificar mis compras sabiamente y me alejan del derroche.

Hoy, puedo llorar porque las rosas tienen espinas o puedo celebrar que las espinas tienen rosas.

Hoy, puedo lamentar mi falta de amigos

o puedo embarcarme emocionadamente en busca de nuevas relaciones.

Hoy, puedo quejarme de que tengo que ir a trabajar o puedo gritar de la alegría porque tengo un trabajo que hacer.

Hoy, puedo murmurar con desánimo porque tengo quehaceres en casa o puedo apreciar que tengo un lugar al que puedo llamar "hogar".

El hoy se tiende ante mí, esperando a ser formado. Y, aquí estoy, la escultora que tiene la oportunidad de darle forma. Lo que vaya a ser el día de hoy es mi elección. ¡Yo puedo escoger qué clase de día voy a tener!

¡Esta perspectiva de la vida me encanta! Claro, hay muchas cosas negativas que suceden a nuestro alrededor, pero no tenemos que concentrarnos en lo negativo...¡podemos optar por ver lo positivo! Esta no es solamente una "buena idea", esta es la voluntad de Dios para nuestra vida. Filipenses 4:8 dice:

> Por lo demás, hermanos, todo lo que es verdadero, todo lo honesto, todo lo justo, todo lo puro, todo lo amable, todo lo que es de buen nombre; si hay virtud alguna, si algo digno de alabanza, en esto pensad.

Esos adjetivos: "verdadero", "honesto", "justo", "puro", "amable", etc., todas esas son cosas positivas. Dios nos instruye a enfocar nuestra mente en lo bueno de nuestra vida...no en lo malo. No hay manera de evadir esta verdad:

> Quería que mis circunstancias fueran diferentes, pero con el tiempo aprendí que Dios quería que yo fuera diferente.

¡Su perspectiva de la vida determina el tipo de vida que tendrá!

Cuando crecía, me enseñaron a ser negativa. Viví en una atmósfera de abuso con gente negativa, alcoholismo, temor y muchas discusiones. Como resultado, desarrollé una actitud que era algo así: *Es mejor no esperar nada bueno que esperar algo bueno y decepcionarme cuando no suceda.* No fue sino hasta que fui adulta que me di cuenta que el pesimismo era una fuerza destructiva en mi vida. Quería que mis circunstancias fueran diferentes, pero con el tiempo aprendí que Dios quería que yo fuera diferente. Incluso cuando algo bueno sucedía, yo lo arruinaba preguntándome cuánto tiempo pasaría para que algo saliera mal.

Estoy muy agradecida de ya no ser una persona que piensa negativamente, y tengo la seguridad de que si yo puedo cambiar, ¡cualquiera puede cambiar!

El pesimismo succiona la energía de la vida. ¡No hay gente negativa que vaya a tener un buen día hoy! Es, sencillamente, imposible.

Elija la esperanza

Cada uno de nosotros es confrontado diariamente con cosas y personas negativas, pero podemos elegir rechazar la perspectiva negativa, y con la ayuda de Dios, podemos creer que están sucediendo cosas buenas a nuestro alrededor si tan solo nos tomáramos el tiempo para verlas. Podemos vivir llenos de esperanza.

La esperanza es más que un pensamiento de deseo. La esperanza es una expectativa favorable y confiada; es una actitud que espera que algo bueno va a suceder y que las cosas funcionarán, sin importar la situación que enfrentemos. Mientras más escojamos la esperanza, mejor será nuestra vida. Samuel Smiles, un escritor escocés muy conocido del siglo XIX, una vez dijo: "La esperanza es como el sol, el cual, a medida que nos acercamos a él, echa la sombra de nuestras cargas detrás de nosotros". Y él tenía un cien por ciento de razón. La esperanza disipa la oscuridad y nos da la fortaleza para esperar algo mejor. Usted no tiene que esperar a que alguien venga y le dé esperanza, usted puede decidir tener toda la que quiera, ahora mismo. ¡Todo lo que necesita hacer es cambiar su manera de pensar!

Una de mis maneras favoritas de pensar sobre la esperanza viene de Zacarías 9:12. Este versículo dice: *"Volveos a la fortaleza, oh prisioneros de esperanza; hoy también os anuncio que os restauraré el doble"*.

De verdad me gusta la frase: *prisioneros de esperanza*. Piénselo... un prisionero de esperanza está rodeado de esperanza. No tiene otra opción, la esperanza está en todo su ambiente. Y cuando los tiempos son difíciles o está lidiando con la decepción, un prisionero de esperanza se levanta en fe y dice: "Dios, te alabo, y creo que estás obrando en esta situación y estás obrando en mí. ¡Soy un prisionero de esperanza! ¡Mi fe, confianza y esperanza están completamente en ti!".

Estoy convencida de que Dios puede ayudarnos, y lo hará, ¡para que nos volvamos tan positivos como lo es Él! Solo imagine cuán maravilloso será eso. ¿Sabe que Dios nunca ha tenido un pensamiento negativo, ni siquiera uno, acerca de usted? ¿Qué tal si pudiéramos decir eso acerca de nuestros pensamientos hacia nosotros mismos o hacia los demás? Estar cerca del pesimismo es realmente molesto para mí ahora, pero antes era tan negativa que, si accidentalmente tenía dos pensamientos positivos sucesivamente, mi mente se sublevaba. Nunca deja de sorprenderme cuánto nos ha cambiado Dios. ¡Es uno de los milagros más grandes que jamás hayamos atestiguado! Su Palabra dice que Él nos da una nueva naturaleza y pone su Espíritu en nosotros (vea

2 Corintios 5:17, 1 Corintios 2:12). Entonces, ¿por qué es tan difícil creer realmente que nosotros podamos comportarnos de una forma completamente nueva?

Elija lo positivo en lugar de lo negativo, siempre

Solo porque un pensamiento negativo aparezca en su mente, no significa que tenga que quedarse allí. Usted tiene que tomar una decisión. ¿Voy a quedarme aquí y a enfocarme en esta idea negativa...o voy a elegir algo positivo en su lugar? Esto sucede en cualquier área de su vida. En sus pensamientos, sus palabras, sus acciones, su actitud, sus relaciones; usted puede elegir ser una persona positiva. A continuación, comparto tres pasos a dar cuando elija lo positivo sobre lo negativo:

1. Identifique sus obstáculos de pesimismo

¿Alguna vez ha dudado que algo bueno le vaya a suceder? Quizá hasta ha dicho cosas como: "Nunca tengo buenas oportunidades", o "todas se casan, menos yo". Estos pensamientos son obstáculos en su mente, y el solo reconocerlos allanará el camino a su libertad. Como cristianos, podemos aprender a pelear por nuestros pensamientos. 2 Corintios 10:5 dice:

> Derribando argumentos y toda altivez que se levanta contra el conocimiento de Dios, y llevando cautivo todo pensamiento a la obediencia a Cristo,

Sin embargo, podemos optar por llevar todo pensamiento negativo "cautivo a la obediencia a Cristo".

Nuestra mente no entra en acuerdo con los planes de Dios de manera automática; a veces, vamos a lidiar con pensamientos negativos.

Sin embargo, podemos optar por llevar todo pensamiento negativo "cautivo a la obediencia a Cristo".

Necesitamos la ayuda de Dios para reconocer el pesimismo en nuestra vida. A veces, hemos sido así por tanto tiempo que ni siquiera nos damos cuenta de que no es la manera correcta de ser. Podríamos pensar: *Bueno, claro que soy una persona negativa. ¡Todo en el mundo es negativo! ¿Cómo puedo ser positivo cuando me rodea la violencia, las guerras, el crimen y la falsedad?* ¡Ese es el punto exactamente! Está a nuestro alrededor, pero no tiene que entrar en nosotros a menos que se lo permitamos.

2. Practique el optimismo con frecuencia

Una vez haya identificado los obstáculos del pensamiento negativo y las expectativas negativas, el siguiente paso es empezar a practicar ser positivo en todo tipo de situaciones. Anímese, tenga una buena actitud, ría, anime a los demás, eleve sus expectativas; todas estas son maneras de practicar el optimismo. Una vez vi un rótulo que decía: "Hay 86 400 segundos en un día, ¿ha usado uno de ellos para sonreír?".

Hasta cuando esté atravesando un tiempo difícil en la vida, usted puede tener una perspectiva positiva. Incluso la gente más positiva lidia con situaciones decepcionantes. La diferencia es que ellos han aprendido a confiar en Dios y a disfrutar la vida sin importar qué suceda. Podemos optar por preocuparnos o por confiar en Dios, y mi experiencia me ha enseñado que la preocupación no cambia nada, por lo tanto, ¡confiar en Dios tiene que ser mejor! Si quiere tener una actitud llena de gozo, todo empieza con confiar en Dios. Dios está trabajando en sus problemas, así que por qué no seguir adelante y ¡disfrutar su día!

3. Declare las promesas de Dios

Una vida positiva no es solamente pensar positivamente, tener pensamientos que honren a Dios. Igual de importante es pronunciar palabras positivas, llenas de fe. Casi todo lo que Dios me ha ayudado a superar ha sucedido por creer y confesar su Palabra. Por eso es que le animo a no solo tener los pensamientos correctos, sino que vaya la milla extra y los pronuncie en voz alta como una confesión personal de fe.

- Cuando no esté seguro de qué decisión tomar, proclame: "¡Yo sé que Dios me dará la sabiduría que necesito!".
- Cuando las cuentas se estén acumulando y la cuenta bancaria disminuya, proclame: "Confío en Dios. ¡Él proveerá todo lo que necesitamos!".
- Cuando la demás gente se queje acerca de su trabajo, responda: "Bueno, estoy contento de tener un trabajo. Tal vez no sea perfecto, pero ¡estoy agradecido por él!".
- Cuando se sienta cansado y abatido, dígale a un amigo: "Voy a descansar más esta noche, y tengo la esperanza de que ¡mañana será un mejor día!".

Cualquiera puede escupir palabras negativas por ahí, pero es por eso que tanta gente es infeliz: están haciendo lo que cualquiera puede hacer. Le animo a que usted sea una de las pocas personas que pronuncian las promesas de Dios en lugar de ensayar sus problemas mentalmente, varias veces al día.

Esta decisión de pronunciar palabras positivas, llenas de fe, es la que hará brillar su día y animará su propia fe en que Dios tiene mejores cosas reservadas.

Elija el proceso de cambio

Al igual que muchas de las decisiones de las que hemos hablado hasta ahora en este libro, rechazar el pesimismo no es algo natural para muchos de nosotros...y no sucede de la noche a la mañana. De hecho, requiere mucha práctica. Es un proceso. Habrá días que son desafiantes, pero continúe rechazando el pesimismo y disfrute el lugar donde está, camino hacia donde vaya.

Cuando pienso acerca del proceso personal de cambio, con frecuencia pienso en Pedro. Dios hizo una obra muy buena en la vida de Pedro. Pedro fue transformado de ser un pescador tosco, agresivo, propenso a cometer errores, a un predicador en el Pentecostés y un pilar de la iglesia primitiva. Él cometió errores a lo largo del camino: impidió que los niños vinieran a Jesús (vea Mateo 19:14), apartando sus ojos de Jesús y hundiéndose (vea Mateo 14:30), reaccionando a la violencia (vea Juan 18:10), negando que conocía al Señor (vea Lucas 22); pero aprendió de cada uno de ellos. Pedro no se rindió; él permitió que Dios lo cambiara. Sin embargo, no sucedió en un día...en un mes...ni siquiera en un año. Fue un proceso.

Cuando un bebé está aprendiendo a caminar, se cae muchas, muchas veces antes de tener la confianza para caminar. Fallar de vez en cuando (lo cual usted hará) no significa que sea un perdedor; significa que está aprendiendo.

> Fallar de vez en cuando (lo cual usted hará) no significa que sea un perdedor; significa que está aprendiendo.

Sencillamente significa que usted no lo hace todo bien siempre. Pero los demás tampoco.

Si ha estado acostumbrado a pensar y a hablar negativamente, el camino a su libertad empieza cuando enfrenta el problema sin excusas. Acepte el proceso de cambio y determine aprender algo nuevo acerca de ser positivo todos y cada uno de los días. A medida que cambia su perspectiva de negativo a positivo, sus palabras, sus acciones y su actitud cambiarán... ¡y también su vida! ¡Esta es una manera de verdaderamente hacer que cualquier día sea mejor!

Lo que debe recordar

- No podemos escoger todo lo que experimentamos en un día determinado; sin embargo, sí podemos escoger la manera en que reaccionamos ante esas experiencias.
- Esperanza es una expectativa favorable y confiada; es una actitud que espera que algo bueno va a suceder y que todo va a salir bien, sin importar la situación que estamos enfrentando.
- En sus pensamientos, sus palabras, sus acciones, su actitud, sus relaciones: usted puede optar por ser una persona positiva.
- Una vida positiva no solo es pensar positivamente, tener pensamientos que honren a Dios. Pronunciar palabras positivas, llenas de fe, es igual de importante.

Sugerencias para poner en práctica "Rechace el pesimismo"

- Piense en las cosas que no permite que entren en su casa: zapatos con lodo, moscas y zancudos, vendedores insistentes, etcétera. Ahora agregue a la lista la "negatividad". Dígale a su familia que "la negatividad ya no se permite en su casa".

- En lugar de tener miedo a las cosas que pueden salir mal, mejor haga una lista de todas las cosas que espera hacer hoy.

- El cambio es un proceso, pero algunas veces nos podemos desanimar cuando pensamos en cuánto más habríamos podido lograr. Como ejercicio para motivarlo, en lugar de ver cuánto más habría podido hacer...busque cuánto ya ha logrado. Hace diez años, hace cinco años, hace cinco meses—¡Vea hasta dónde Dios le ha llevado!

CAPÍTULO 15

Sea paciente consigo mismo

*Tenga paciencia con todo; pero, antes que nada,
consigo mismo.*

—Saint Francis de Sales

Quiero contarle una pequeña historia acerca de "Beth". Es una historia que podría sonar muy conocida. Beth es una esposa adorable, una madre devota de dos adolescentes, es una cajera de tiempo completo en una tienda local de abarrotes y una fiel voluntaria en su iglesia. Sin embargo, Beth está atravesando por una mañana difícil (ella tiene este tipo de mañanas muchas veces). Prestemos atención y veamos lo que está sucediendo...

"¡Vamos, chicos!". "¡Apresúrense!". "¡Van a llegar tarde!". Gritaba Beth a los del segundo nivel. Quitando los pedacitos de cáscara de las yemas de huevo con una mano y sirviendo café con la otra, Beth dijo con desánimo entre dientes, "*...y yo también voy a llegar tarde*".

Sencillamente, era otra mañana típica en la casa de los Connor. Beth estaba retrasada una vez más. Frustrada y molesta consigo misma, pensó: "*¿Por qué apreté el botón de repetición de la alarma tantas veces? ¡Yo quería levantarme temprano hoy! Realmente quería pasar tiempo con el Se...*

"Mamá, ¡el tostador se está incendiando!".

Beth volteó a ver a Georgia, su hija de dieciséis años, corriendo alarmada hacia la cocina. Botando su café, Beth voló hacia la alacena, buscando frenéticamente el extintor. Para cuando regresó a la cocina, con el extinguidor en la mano,

Georgia y su hermano, Allen, habían apagado el pequeño fuego y reían histéricamente por el trozo quemado que se suponía sería su pan tostado para esa mañana.

Beth no tenía la energía para unirse a la celebración. Sus nervios estaban de punta. "Súbanse al carro, ¡tendrán que hallar algo para comer en la escuela!". Ellos se subieron al carro y estaban a medio camino de la escuela Thomas Edison cuando Beth bajó su cabeza desconcertada.

"Oh-oh. ¿Qué pasa, mamá?", preguntó Allen.

"Olvidé unos papeles que debía llevar al trabajo hoy. ¡Ah! ¡No puedo creer que eso me pase a mí!".

"Está bien. Olvídate de eso, mamá", la animó Georgia. "Ha sido una mañana agitada. Solo explícale a tu jefe que estuviste ocupada tratando de quemar la casa".

Una vez más, Allen y Georgia rieron abiertamente, pero Beth no era parte de la diversión. Ella estaba muy ansiosa. No había hecho nada bien esa mañana...ni una sola cosa. Y sus errores era todo en lo que podía pensar.

Cuando los chicos se bajaron del carro, Beth les dijo con una voz débil y ausente: "Que tengan un buen día", pero sus pensamientos estaban en otra parte. ¿Cómo pude hacer tanto desastre esta mañana? ¿Por qué no puedo ser una *mejor mamá? Los chicos llegaron tarde; yo voy a llegar tarde. Soy un fracaso total. Las lágrimas rodaban por su rostro. Otro día malo...otro día en que lo había arruinado todo.*

La historia de Beth es muy conocida. Los detalles son diferentes para cada uno de nosotros, pero podemos identificarnos con la frustración que Beth está enfrentando; ella hace lo mejor que puede, pero se siente devastada cuando comete errores o no llena las expectativas. Generalmente, es paciente con todos los que le rodean...pero no es paciente consigo misma.

Creo que ser paciente consigo mismo es un paso vital que

debe dar si quiere hacer que cada día sea mejor. Segunda
Pedro 3:9 dice que Dios es *pa-*

> Si Dios es paciente con
> usted, usted puede
> seguir su ejemplo y ser
> paciente consigo mismo.

ciente con nosotros. Es maravilloso saberlo, pero hay algo
más que deberíamos deducir
de esa escritura: Si Dios es pa-
ciente con usted, usted puede seguir su ejemplo y ser paciente consigo mismo.

Cuando Dios está obrando en su vida, guiándole a perdonar, a desechar la amargura, a renovar su gozo, a cambiar su actitud, enseñándole a vivir sanamente, etc., requiere
tiempo alcanzar lo que Él quiere hacer. Si usted se impa-
cienta con Él y consigo mismo en el proceso, va a renunciar
antes de ver la obra completa y cosechar la recompensa. En
lugar de frustrarse o desanimarse cuando comete un error
o cuando tarda demasiado, usted en realidad puede refres-
carse, regocijarse, en el hecho de que Dios es paciente con
usted y sea paciente consigo mismo.

Cómo y por qué puede ser más paciente consigo mismo

Es casi imposible disfrutar de la vida cuando es impaciente
con usted mismo. La gente que no ha aprendido a aceptar que
es imperfecta y que la obra de Dios en su vida está en proceso,
tiende a tener más dificultad en aceptar y llevarse bien con
los demás. Nuestro estudio de la Palabra de Dios nos muestra
claramente que deberíamos ser amables, pacientes, amorosos
y perdonadores, y que deberíamos hacer todo lo que esté a
nuestro alcance para estar en paz con los demás.

En lo personal, pasé muchos años teniendo dificultad
para llevarme bien con la gente, hasta que finalmente me di
cuenta, a través de la Palabra de Dios, que mi dificultad con
los demás estaba realmente enraizada en las dificultades

conmigo misma. La Biblia dice que el buen árbol produce buen fruto, y que el árbol malo produce mal fruto (vea Lucas 6:43). De la misma manera, el fruto de nuestra vida viene de la raíz que tenemos dentro. Debido a que yo tenía raíces de vergüenza, inferioridad, rechazo, falta de amor y aceptación, y más, el fruto de mis relaciones sufría. Sin embargo, una vez que tuve una revelación del amor incondicional de Dios por mí y empecé a aceptarme a mí misma, con el tiempo, esas raíces nuevas crecieron y empezaron a producir buen fruto, y mis relaciones empezaron a crecer muy bien.

Lo mismo pasa en su vida. Cuando usted hace la parte difícil de aprender a amarse como la persona que Dios creó, a aceptar que Dios aún está obrando en su corazón y a ser paciente con Él en el proceso, sus relaciones van a mejorar. Mientras mejor se sienta de sí mismo, mejor se sentirá acerca de los demás.

> *Mientras mejor se sienta de sí mismo, mejor se sentirá acerca de los demás.*

A continuación, incluyo algunos consejos que le ayudarán a ser más paciente consigo mismo:

Nunca se menosprecie diciendo cosas como: "yo siempre entiendo mal", "nunca voy a cambiar", "soy feo", "me veo terrible", "soy tonto", o "¿Quién podría quererme?". Mateo 12:37 dice: *"...por tus palabras serás justificado, y por tus palabras serás condenado"*. Proverbios 23:7, dice: *"...cual es su pensamiento [del hombre] en su corazón, tal es él"*. Dicho de otra manera, la forma en que hablamos y pensamos de nosotros mismos determina cómo nos sentimos acerca de nosotros.

No se compare con otras personas. A Dios tiene que encantarle la variedad, porque nos creó a todos diferentes, hasta en las huellas digitales. Usted nunca llegará a ser paciente consigo mismo si está tratando de ser como alguien más. Las demás personas pueden ser un buen ejemplo para usted, pero tratar de manejar una situación de la misma forma que alguien más, puede llevarlo a la frustración. Usted no sabe lo que Dios está haciendo tras bambalinas en las demás personas. No sabe lo que ellos están atravesando cuando nadie los ve. En lugar de compararse con alguien más, pídale a Dios la gracia para ser aquello para lo que Él lo creó.

Vea su potencial en lugar de sus limitaciones. Una vez escuché que a la actriz Helen Hayes le dijeron al principio de su carrera que, si ella fuera ocho centímetros más alta, sería la actriz más grande de su época. He escuchado que sus entrenadores hasta trataron varios métodos para hacerla más alta, pero nada funcionó. En lugar de enojarse porque no era lo suficientemente alta, la famosa actriz decidió concentrarse en su potencial. Como resultado, con el tiempo hizo el papel de María, reina de los escoceses, una de las reinas más altas que haya existido.

Dios puede esquivar las limitaciones que usted tiene. Y, en muchos casos, hasta puede usarlas para su gloria. No se estanque en lo que "no puede" hacer. Confíe en Dios y permítale llevar a cabo su plan, pues nada es imposible con Dios (vea Lucas 1:37).

Encuentre algo en lo que sea exitoso y hágalo una y otra vez. Una gran parte de ser paciente es tener confianza. David tuvo confianza mientras esperaba a enfrentar al gigante Goliat en batalla. ¿Por qué? Porque él recordó las peleas que había ganado antes: había matado a un león y había matado a un oso. Sus éxitos previos le dieron la confianza que necesitaba.

Si usted pasa su tiempo en cosas en las que no es bueno, se frustrará y se sentirá derrotado y perdedor. Cada vez que se sienta impaciente consigo mismo debido a que está luchando con algo que no hace bien, haga algo para lo que sí sea bueno. Es una manera práctica de edificar su confianza y calmar sus sentimientos de incertidumbre. Cuando paso mi día escribiendo, me siento feliz, plena y satisfecha al final del día porque soy buena para escribir. Sin embargo, si fuera a pasar mi día tratando de plantar un jardín, sentiría que he fallado miserablemente. ¿Adivine qué? ¡No soy buena para los jardines!

Descanse en su singularidad: tenga el valor para lidiar con la crítica. Una de las cosas más importantes de recordar para que pueda ser paciente con sí mismo es complacer a Dios, no ser complaciente con el hombre (vea Gálatas 1:10). Si se atreve a ser diferente, tendrá que esperar algo de crítica. Ir con el montón, cuando sabe que Dios lo guía por un camino diferente, es una de las razones por la que la gente es tan miserable. Los complacientes viven tratando de cambiarse a sí mismos siempre para hacer feliz a alguien más. Usted no disfrutará su vida mucho si va contra sus propias convicciones. En vez de eso, siga lo que Dios ha puesto en su corazón e ignore la crítica de los demás.

Mantenga sus imperfecciones en perspectiva. La gente con un nivel de confianza alto tiene tantas debilidades como la gente sin confianza; sin embargo, ellos se concentran en sus fortalezas, no en sus imperfecciones o debilidades. Solo porque tenga un mal día, cometa un error o no alcance la meta de hoy, no se rebaje a sí mismo. Manténgalo en perspectiva. Mire las cosas que sí logró hoy. Vea cuán lejos *ya* Dios le ha llevado . Estas cosas le darán una perspectiva apropiada y un nuevo nivel de paciencia para la próxima vez.

Oración por paciencia

Sé que no es fácil esperar pacientemente para que Dios complete su obra en su vida. Es bueno que usted quiera mejorar, es bueno que quiere cambiar. Beth quería ser una empleada excelente y una madre aún mejor. Es bueno que ella tratara de ser lo mejor que podía y que se preocupara por llegar a tiempo. Pero cuando todo se trastornó, ella reflexionó en el problema con autocrítica e impaciencia consigo misma.

No cometa el mismo error que Beth cometió. Dese otra oportunidad cuando cometa errores o falle en algo. Su única otra opción es darse por vencida y pasar su vida con alguien que no le gusta, y ese alguien ¡es usted! Elbert Hubbard dijo: "¿Cuántos hombres han dejado sus manos desmayar en momentos en que un poco más de esfuerzo, un poco más de paciencia, habría alcanzado el éxito?".

No se rinda...usted está mejorando a diario, aun si no lo percibe. Confíe en que Dios conoce su corazón y que Él va a bendecir su esfuerzo. Si se relaja y es más paciente con usted mismo, disfrutará cada día más y más.

Permítame cerrar este capítulo dándole el ejemplo de una oración que puede hacer si siente que necesita más paciencia:

> *Padre, gracias porque asombrosa y maravillosamente he sido hecho. Tú me creaste, y tú tienes un plan muy grande para mi vida. Perdona mis errores, mis faltas y mis fracasos. Y ayúdame a perdonarme a mí mismo. Me doy cuenta que tu obra en mi vida es una transformación sana, profunda, perdurable. Así que permite que cada día y cada nueva experiencia sean parte de esa obra. Quiero aprender a diario y quiero acercarme más a ti en el proceso. Gracias por darme la fortaleza para hacerlo. Amén.*

Lo que debe recordar:

- Cuando Dios está haciendo una obra en su vida, guiándolo a perdonar, quitando la amargura, renovando su gozo, cambiando su actitud, enseñándole a vivir sanamente, y más, se requiere tiempo para lograr todo lo que Él quiere hacer.

- Cuando usted hace el trabajo duro de aprender a amar a la persona que Dios creó en usted, para aceptar que Dios aún está obrando en su corazón y ser paciente con Él en el proceso, sus relaciones mejorarán.

- La forma en que andamos y pensamos acerca de nosotros mismos determina cómo nos sentimos sobre nosotros mismos.

- Nunca será paciente consigo mismo si está tratando de ser como alguien más.

Sugerencias para poner en práctica "Sea paciente consigo mismo"

- Escriba en tres tarjetas "Salga libre de la cárcel". Déselas a usted mismo cuando cometa errores en el futuro. No tiene que vivir en la cárcel de la condenación.

- La próxima vez que se sienta abrumado o impaciente consigo mismo, deténgase y cuente hasta veinte. Permita que Dios le hable en esos veinte segundos, recordándose tener paciencia consigo mismo.

- Escriba sus intenciones—no sus acciones, en la vida y en aquellos que le rodean. Esa lista describe lo que llamo "motivos del corazón". No siempre usted es perfecto, pero Dios ve su corazón. Pídale que, en el futuro, Él le ayude a alinear sus acciones con sus intenciones.

CAPÍTULO 16

Reciba y extienda gracia

No soy lo que debería ser, no soy lo que deseo ser,
no soy lo que espero ser, pero por la gracia de
Dios no soy lo que fui.

—John Newton

Varias de las cartas de Pablo a las iglesias empiezan con el saludo: "Gracia y paz les sean multiplicadas". Eso no es algo que nosotros diríamos hoy día para saludar a otra persona, pero es una declaración poderosa que necesitamos entender.

Todos queremos paz, aunque no podemos tenerla a menos que comprendamos la gracia. Durante años traté, sin éxito, de tener paz y fue porque lo único que sabía acerca de la gracia era que ¡ella me había salvado!

Porque por gracia sois salvos por medio de la
fe; y esto no de vosotros, pues es don de Dios;
no por obras, para que nadie se gloríe.

Efesios 2:8–9

Por la gracia de Dios había sido perdonada de mis pecados, pero no entendía que la misma gracia que necesitaba para mi vida diaria era la que necesité para mi salvación. Recibir a Cristo como nuestro Salvador es una cosa, pero vivir para Él es otra muy diferente. Me parecía que llevar la vida cristiana requería mucho más trabajo y esfuerzo y, sin importar cuán duro trataba, siempre fallaba. Estaba frustrada a diario porque quería ser lo que la Palabra de Dios me instruía a ser, y aun así, no parecía tener el poder para comportarme como debía.

¡Hablando de tener un mal día! ¡Esa era la historia de mi vida! Luego, finalmente lo vi…la Palabra de Dios nos enseña a vivir para Jesús de la misma manera en que lo recibí (vea Colosenses 2:6). Somos salvos por gracia, y debemos vivir por gracia, y si no lo hacemos, entonces nunca tendremos paz, y sin paz ¡nunca tendremos gozo!

> *Dios nunca nos diría que hiciéramos algo para luego dejarnos sin la capacidad de hacerlo.*

La gracia se define como el inmerecido favor de Dios, y el poder y el equipo necesario para que hagamos lo que Él nos pide. Dios nunca nos diría que hiciéramos algo para luego dejarnos sin la capacidad de hacerlo. Su gracia nos salva y nos faculta, luego nos lleva con éxito a través de nuestro recorrido con Él. La gracia está disponible en todo momento, ¡pero solo se recibe por fe! Es decir, necesitamos pedirla y confiar que la tenemos como un regalo de Dios.

Mi vida cambió para siempre cuando descubrí que la gracia de Dios podría cambiarme si yo confiaba en que Él lo haría, y la gracia hará lo mismo por usted. Nuestro testimonio puede ser igual al que John Newton mostró en la cita al principio del capítulo. No estamos donde queremos estar, o desearíamos estar, o esperaríamos estar, pero por la gracia de Dios, no somos lo que solíamos ser. Estamos siendo cambiados a la imagen de Dios a diario, por su gracia.

Nuestra parte es pedir, ser pacientes, estudiar su Palabra y confiar que el poder que se encuentra en ella ¡hará la obra! No estoy sugiriendo que no haya un esfuerzo de parte nuestra para aplicar disciplina a nuestro comportamiento, pero debe ser un esfuerzo piadoso, no carnal. Debe ser un esfuerzo hecho en el Espíritu Santo, no un esfuerzo que hagamos por nuestras propias fuerzas, sin pedir la ayuda de Dios.

Nuestras luchas diarias

Puede levantarse cualquier día esperando que las cosas salgan de la manera en que las planeó, solo para darse cuenta que es no va a ser la realidad. Para cuando hayan pasado treinta minutos después de levantarse, usted recibe una llamada telefónica diciéndole que la carretera por donde transita para ir al trabajo, tiene filas de vehículos de varios kilómetros debido a un accidente. Usted piensa: *"va a ser un mal día"*. Pero no tiene que ser así si entiende cómo acudir a la gracia de Dios. Puede pedirle a Dios que le ayude, que le dé gracia para saber cuál es la mejor manera de manejar la situación, y si se mantiene en calma, en poco tiempo tendrá la confirmación en su corazón sobre cómo manejar este dilema. Usted pensará en una ruta diferente, o puede llamar a la oficina y explicar la situación y orar que ellos comprendan amablemente. Tiene muchas opciones diferentes a "tener un mal día".

La gracia le ayudará a criar a un hijo con necesidades especiales, le ayudará a mantenerse en un matrimonio difícil, le ayudará a continuar ministrando a los demás aun cuando parece que ellos no lo aprecian, le ayudará a graduarse de la universidad, aunque aprender sea un poco difícil para usted y le ayudará a permanecer calmado cuando la carretera esté bloqueada y no pueda llegar al trabajo a tiempo. La gracia es sorprendente y, aun así, es práctica. Viene del cielo y, aun así, ¡funciona en nuestra vida diaria aquí en la tierra!

¡No hay necesidad que la gracia de Dios no pueda suplir! ¡Es lo que necesitamos para vivir en paz y disfrutar la vida!

La gracia conquista nuestras montañas. El profeta Zacarías le dijo al pueblo, quienes estaban preocupados sobre cómo terminarían el templo que se les había instruido que construyeran, que debían clamar: "gracia, gracia a ella" (vea Zacarías 4:7). Una montaña de obstáculos humanos estaba en su camino, pero la gracia la quitó por completo. Sus montañas también serán movidas por la gracia de Dios si usted depende del poder de Dios en lugar de su propia capacidad para hacer lo que se debe hacer.

La gracia se vuelve gratitud

Cuando estamos completamente conscientes de que Dios nos da continuamente "favor inmerecido", ¿cómo podemos reaccionar de otra manera que no sea con gratitud? Dios quiere que seamos agradecidos, pero no lo seremos si pensamos que nuestras buenas obras se ganan las bendiciones de Dios. La gratitud viene cuando sabemos que no merecemos los dones que Dios nos da, pero que Él nos los da de todas maneras porque ¡Él es bueno! Recuerde siempre que la gracia es favor y poder inmerecido y está disponible para usted en cualquier cantidad que necesite. La Biblia dice en Santiago 4:6, que tenemos mayor gracia para ayudarnos a vencer nuestras malas tendencias. Piénselo: no solo gracia, sino ¡mayor gracia!

Se siente bien estar agradecido en lugar de preocupado, y agradecido en lugar de lleno de temor. Un corazón agradecido es un corazón feliz.

La gracia nos lleva al descanso de Dios

El escritor del libro de Hebreos nos enseña que entramos en el descanso de Dios cuando creemos (vea Hebreos 4:3). Entrar en el descanso de Dios no es un descanso de nuestra labor, sino es un descanso que labora. Entrar en el descanso de Dios no significa que vamos a tomar una siesta, significa que descansamos internamente sin importar lo que sucede externamente. Podemos hacer todo lo que necesitamos hacer, pero lo hacemos mientras, simultáneamente, descansamos en la gracia de Dios. El descanso de Dios es verdaderamente un lugar sobrenatural que solamente puede ser entendido por aquellos que lo han experimentado.

Sus circunstancias dicen que debería estar preocupado, ansioso y tratando frenéticamente de descubrir cómo resolver sus problemas, pero en lugar de hacer algo de eso, usted está tranquilo, en paz y ¡disfrutando la vida! "¿Cómo puede estar así de calmado en su situación?", podría preguntar la gente. Y cuando lo hacen, es su oportunidad para contarles acerca de la bondad de Dios.

Cuando vivimos en el descanso de Dios, ¡vivimos más tiempo! El descanso trae refrescamiento a nuestra alma que es necesario para mantener una buena salud. La gente puede darle vacaciones a su cuerpo, sin que su alma vaya jamás de vacaciones. Usted puede estar en la playa, al sol todo el día, ¡y también preocupándose todo el día! ¡Este no es descanso verdadero! Pero usted podría trabajar todo el día mientras se está llenando de paz, gozo y gratitud y estar más descansado al final del día que la persona que se fue a la playa. El descanso interno es una necesidad vital que mucha gente rara vez experimenta, y solo viene al comprender y recibir la gracia de Dios en todo lo que hacemos.

Tres maneras para reconocer la falta de gracia:

- Cuando nos sentimos frustrados, eso significa que estamos en lo que la Biblia llama "obras de la carne", y que es nuestra energía la que trata de hacer el trabajo de Dios sin Él. Así que cuando se sienta frustrado, deténgase e, inmediatamente, pida gracia y mayor gracia si la necesita. Recíbala por fe y permita que Dios aligere su carga.

- Cuando estamos exhaustos y tenemos un dolor de cabeza por la preocupación, necesitamos desesperadamente detenernos y pedir y recibir gracia.

La gracia nos guía a la paz, no a la preocupación y el cansancio.

Cuando sentimos deseos de darnos por vencidos, necesitamos otra dosis de la gracia de Dios. Su poder nos capacita para continuar aun cuando pareciera que nada sucede.

La gracia nos hace misericordiosos

"Misericordia" es una palabra que se usa para definir la gracia. Es la misericordia de Dios hacia nosotros y, una vez veamos su belleza, con el tiempo se la otorgaremos a los demás. Ser misericordiosos con la gente que nos lastimó y nos decepcionó es una de las maneras en que podemos decir "gracias" al Señor por su gracia hacia nosotros.

¿Cómo podemos justificar no amar a las personas imperfectas en nuestra vida, cuando Dios continúa amándonos, aunque somos imperfectos? Yo no creo que sea posible.

Yo luché mucho tratando de mostrarle amor a la gente que me era difícil amar, pero cuando desistí de solo intentar y recibí una revelación mayor del amor de Dios por mí, empezó a fluir libremente en mí, en lugar de tratar de exprimir un poco para compartir con los demás. Le animo a estudiar y enfocarse en el amor de Dios y su gracia para usted, y puedo prometerle que usted cambiará. Es posible que no aparezca rápidamente, pero vendrá poco a poco y, un día, usted apenas recordará a la persona que solía ser...ya sabe, aquella con la que pasó tantos días malos. Vivimos con nosotros mismos siempre, y cuando no recibimos y damos gracia ¡nos cuesta soportarnos!

Mientras más misericordioso sea con los demás, más feliz será. Otorgue gracia a las personas, y cuando sea necesario, ¡deles mayor gracia! Haga que la gracia fluya en su vida. Recíbala de Dios y ¡compártala! Reciba más y ¡comparta aún más! Una de las mejores formas de presentarle a Jesús a la gente que no lo conoce es mostrarles gracia y misericordia cuando ellos saben que lo que merecen es castigo y rechazo. ¿Será difícil? No si recuerda que Dios se la da a usted cada día de su vida.

Lo que debe recordar:

- Todos queremos paz, pero no podemos tenerla a menos que comprendamos la gracia.
- La gracia está disponible en todo momento, ¡pero se recibe solo por fe! Es decir, necesitamos pedirla y confiar que la tenemos como un regalo de Dios.
- La gracia es maravillosa y, aun así, es práctica. Viene del cielo y, aun así, ¡funciona en nuestra vida diaria aquí en la tierra!
- El descanso trae refrescamiento a nuestra alma que se necesita para mantener una buena salud.

Sugerencias para poner en práctica
"Reciba y extienda gracia"

- En cualquier momento en que se sienta frustrado, necesita detenerse y pedirle a Dios gracia en lugar de tratar de hacer las cosas a su manera.

- Escriba una lista de cosas que le han frustrado en los últimos días. Ahora lea esa lista y contemple cómo la gracia de Dios puede cambiar cada una de esas cosas y dese la oportunidad para disfrutar su día.

- Hoy, en sus momentos más ocupados, dedique un tiempo para recordar que puede descansar en Dios sin importar cuán ocupado esté en lo externo. Dele vacaciones a su alma... ¡aunque su cuerpo esté trabajando!

SECCIÓN IV

Antes de que sea demasiado tarde

Cuando te acuestes, no tendrás temor, sino que te acostarás, y tu sueño será grato.

Proverbios 3:24

CAPÍTULO 17

Termine un proyecto

Es mejor bien hecho que bien dicho.
—Benjamín Franklin

Este era…este era el momento de la verdad. ¿Qué harían? ¿Cuál sería su decisión? Durante semanas habían sido ridiculizados. Se habían burlado de ellos implacablemente. Pero ahora…ahora se estaba poniendo peligroso. Estaban amenazando su vida. Ahora era real. ¿Qué decisión tomaría el líder Nehemías? Este muro, el muro alrededor de Jerusalén, era importante; pero, ¿valía la pena pelear por él? ¿Morir por él? Quizá deberían empacar y regresar a casa. ¿Cuáles serían las órdenes de Nehemías?

Me pregunto qué sentía el pueblo en el capítulo cuatro de Nehemías al esperar la decisión de él. ¿Estaban nerviosos? ¿Asustados? ¿O, determinados y listos para pelear? Después de todo, estos hombres, mujeres y niños no eran guerreros. Ellos eran albañiles. Habían llegado con Nehemías para reconstruir el muro alrededor de Jerusalén que estaba en ruinas.

Pero en el camino, Nehemías y su grupo de trabajadores dedicados se encontraron con la oposición. Los enemigos de Judá de todas las colindancias estaban "enojados" porque el muro sería reconstruido y ellos "ridiculizaban" a los judíos mientras lo construían (vea Nehemías 4:1–3). Sin embargo, la burla no funcionó, Nehemías instruyó a su gente a seguir construyendo. Y así fue como las cosas se tornaron peligrosas. Nehemías 4:11, dice:

> Y nuestros enemigos dijeron: No sepan, ni vean, hasta que entremos en medio de ellos y los matemos, y hagamos cesar la obra.

Entonces, aquí es donde retomaremos la historia. ¿Renunciará Nehemías? ¿Dejarán el proyecto sin terminar? ¿El temor y la oposición harán que ellos se rindan en aquello que Dios puso en su corazón hacer?

Dejaré que Nehemías se los diga en sus propias palabras. Él dijo en Nehemías 4:15–18:

> Y cuando oyeron nuestros enemigos que lo habíamos entendido, y que Dios había desbaratado el consejo de ellos, nos volvimos todos al muro, cada uno a su tarea.
>
> Desde aquel día la mitad de mis siervos trabajaba en la obra, y la otra mitad tenía lanzas, escudos, arcos y corazas; y detrás de ellos estaban los jefes de toda la casa de Judá.
>
> Los que edificaban en el muro, los que acarreaban, y los que cargaban, con una mano trabajaban en la obra, y en la otra tenían la espada.
>
> Porque los que edificaban, cada uno tenía su espada ceñida a sus lomos, y así edificaban; y el que tocaba la trompeta estaba junto a mí.

En lugar de renunciar y volver a casa, Nehemías y sus seguidores decidieron terminar la tarea. Estaban tan determinados a reconstruir el muro alrededor de Jerusalén que cuando se enfrentaron al peligro, trabajaron con una mano y llevaron su arma en la otra. ¡Qué imagen de determinación tan poderosa! Ellos no permitieron que el ridículo, la intimidación o el peligro les quitara el impulso. Estos hombres y mujeres de Dios ¡estaban determinados a terminar lo que habían empezado!

Asegúrese de que se cumpla

¿Alguna vez ha empezado algo y no lo terminó, un proyecto, una meta, un sueño? Si le ha pasado, no se preocupe; no está solo. Yo creo que todos, en algún momento de la vida, hemos experimentado la frustración y la decepción de planes no completados. Lo cierto es que, a veces, empezar es la parte más fácil. Sin embargo, quiero animarle a que, con la ayuda de Dios, usted pueda terminar cualquier cosa que empiece. No importa quién se ponga en su contra o qué obstáculos aparezcan, si está determinado como Nehemías, llegará a completar las cosas, y Dios va a ser glorificado.

¿Cómo puede serle esto útil si está teniendo un mal día? Es posible que la razón por la que está teniendo un día malo sea porque cuando se levantó esta mañana lo que vio fueron proyectos sin terminar y sus pensamientos se trasladaron hacia las metas que nunca terminó. Eso puede desanimar mucho a cualquiera, pero hay una solución. ¡Necesitamos estar determinados a ser "terminadores"! Gente que termina lo que empieza, sin importar cuánto tiempo tome o cuán difícil sea.

Yo creo que cuando sentimos pasión por hacer algo, debemos someter nuestra meta a Dios y luego empeñarnos en ello con todo el corazón.

- Si su pasión es cantar, no permita que una audición fallida lo detenga. Siga aprendiendo, siga practicando y persiga su sueño. *¡Termine lo que empezó!*
- Si su deseo es obtener un título, no permita que la oposición financiera lo detenga. Trabaje duro, ahorre y tome una clase a la vez si es necesario. ¡Termine lo que empezó!
- Si le ha prometido a alguien ayudarle con un proyecto, no se rinda cuando se ponga difícil. Cumpla

su palabra y asegúrese de terminar el proyecto.
¡Termine lo que empezó!

• Si ha determinado que cada día pasará más tiempo
con el Señor, no se recrimine si perdió un día o si se
quedó dormido cuando se suponía que debería estar
orando. Inténtelo mañana nuevamente. ¡Termine lo
que empezó!

Cualquier cosa en la que esté trabajando o con la que
esté soñando, su vida sería mucho mejor si se determinara a
verlo completado.

Por ejemplo: a mí me apasiona enseñarle a la gente la Palabra de Dios. Eso es porque Dios me habló y puso ese deseo
en mi corazón. Si me hubiera puesto a hacer algo más en lugar
de eso, o si hubiera renunciado cuando las cosas se pusieron
difíciles, probablemente hubiera pasado el resto de mi vida
sintiéndome frustrada e insatisfecha. Eso es lo que sucede
cuando estamos apasionados por algo y no hacemos nada al
respecto. ¿Está deprimido o molesto y teniendo un mal día
porque renunció a algo que se suponía que debía hacer? La
buena noticia es que aun cuando esté tentado a pensar que
es demasiado tarde para volver a empezar, con Dios, nunca es
demasiado tarde. Permítame mostrarle a qué me refiero.

Corrobore y retome donde se quedó

Hace años, en una de nuestras conferencias, una mujer que
asistió conoció a varias otras que compartieron su testimonio de un pasado de abuso y cómo lo superaron. Eso
la afectó verdaderamente, porque ella había tenido muchos
problemas en su vida debido a los abusos de los había sido
objeto. Hacia el final de la conferencia, ella compartió una
gran lección que había aprendido.

"Las otras damas de mi mesa han sido libertadas de sus
problemas" dijo, "pero yo todavía estaba lidiando con los

míos; y ahora me doy cuenta por qué. Dios me había indicado hacer muchas de las mismas cosas que Él les dijo que hicieran a las otras mujeres. La única diferencia fue que ellas hicieron lo que Él les pidió…y yo no".

Así que permítame hacerle una pregunta: ¿Alguna vez ha tenido la sensación de que Dios quiere que haga algo o que trate con algo, pero usted no obedeció del todo? Yo sí, y no es una sensación particularmente buena. Pero cuando nos encontramos a nosotros mismos en una situación como esa, hay una solución: Retrocedemos y hacemos lo que Dios nos dijo o tratamos con el problema de la manera en que Él quiere que tratemos. Dicho de otra forma, aún podemos regresar y terminar lo que empezamos.

> Aún podemos regresar y terminar lo que empezamos.

La verdad es que nunca experimentaremos la plenitud de gozo y libertad disponible para nosotros en Cristo si nos rehusamos a completar lo que Dios nos ha mandado hacer. Podría ser algo enorme como empezar nuestro propio negocio, o algo pequeño como organizar y ordenar su casa. Si está en su corazón, ¡usted no estará totalmente satisfecho hasta que lo haga!

Quizá tenga alguien en su vida a quien necesite perdonar. O simplemente necesita empezar a comer bien o ser un mejor administrador de su tiempo, talentos y recursos. O quizá se está conformando con menos en cierta área de su vida cuando Dios quiere que siga el plan de Él para hacer algo más grande. Lo que sea, no mire hacia atrás solo para desear haber obedecido la voz de Dios; usted puede regresar y empezar de nuevo. No es demasiado tarde para terminar lo que empezó. Con la ayuda de Dios, usted puede hacer todo lo que Él le pide que haga. Solo tome la determinación de ser diligente y esfuércese en hacer lo que sea necesario para que el trabajo quede bien hecho.

Cualquiera puede empezar algo, pero ...

Hace muchos años me encontré un versículo que me hizo llorar ante el Señor. En Juan 17:4, Jesús dice:

> Yo te he glorificado en la tierra; he acabado la obra que me diste que hiciese.

Desde que leí ese versículo, se ha vuelto muy importante para mí no solo trabajar en lo que Dios me ha llamado hacer, sino terminar lo que Él me ha llamado a hacer. Hay mucha gente que está dispuesta a empezar algo—empiezan un ministerio, abren un negocio, empiezan una nueva dieta, empiezan a ir a la iglesia, empiezan un caminar con Dios—pero los que terminan algo no son tantos como los que empiezan.

Empezar es un primer paso importante. Si Dios le ha puesto hacer algo en su corazón, le animo encarecidamente que lo empiece en el tiempo de Él. Pero no importa cuántas cosas empieza si nunca se asegura de terminarlas.

> No importa cuántas cosas empieza si nunca se asegura de terminarlas.

Por eso es que muchas personas viven sintiéndose miserables, frustradas, desanimadas; todavía tienen que terminar algunas cosas que Dios les ha llamado a hacer. El apóstol Pablo dijo: *"con tal que acabe mi carrera con gozo"*, (Hechos 20:24). Él comprendió que hay mayor paz, mayor gozo y mayor felicidad ¡en completar aquello que Dios le ha llamado a hacer!

¡Estoy determinada a terminar cada cosa que hago! Eso es lo que deseo para usted también. Yo quiero que disfrute cada uno de los días de su vida y que termine lo que Dios le ha dado para hacer. Desde el proyecto diario más pequeño hasta las metas más grandes de toda la vida; le insto a convertirse en una persona que completa la tarea que tiene por delante.

Hay un trabajo que hacer. Tenemos una parte que ejecutar...una parte grande. No todo le toca a Dios. Él ha hecho su parte y nos ha dado todo lo que necesitamos en Cristo. Nos toca a nosotros seguir aprendiendo, creciendo y dejando que el Espíritu de Dios obre en nosotros. Tómese un tiempo para meditar en las cosas que Dios le ha pedido que haga y pregúntese: "¿Qué estoy haciendo hoy para terminar con excelencia y completar lo que Dios ha puesto delante de mí?".

La recompensa de terminar con excelencia

Me alegra decirle que el final de la historia de Nehemías es feliz. Los enemigos de Nehemías nunca atacaron; sus amenazas solamente eran simples palabras. El muro fue reconstruido y, con el tiempo, el esplendor de Jerusalén fue restaurado. Al terminar el muro, el profeta Esdras se paró frente al pueblo y declaró:

> Luego les dijo: Id, comed grosuras, y bebed vino dulce, y enviad porciones a los que no tienen nada preparado; porque día santo es a nuestro Señor; no os entristezcáis, porque el gozo de Jehová es vuestra fuerza.
>
> Nehemías 8:10

Ya que Nehemías y sus seguidores fueron fieles en confiar en Dios y diligentes para terminar la tarea que tenían a mano, ¡ellos experimentaron el gozo que viene de un trabajo bien hecho! Ese es un gozo que usted puede experimentar también. Ya sea terminar una faena desagradable, completar una tarea atrasada, ser fiel en cumplir una promesa o alcanzar el sueño de su vida, siempre hay gozo en poder decir: "¡Lo logré!". Y cuando se encuentra en esos momentos donde no sabe si lo va a lograr, cuando los obstáculos parecen demasiado grandes y los adversarios muy amenazantes, no se rinda; continúe construyendo ese muro. ¡Es una decisión que nunca lamentará!

Lo que debe recordar

- No permita que el ridículo, la intimidación ni ningún otro obstáculo le quiten el empuje. Determine terminar lo que empezó.
- Cuando siente pasión para hacer algo, entréguele su objetivo a Dios, y luego persígalo con todo su corazón.
- Hay muchas personas que están dispuestas a empezar algo, pero las que terminan no son tantas como las que empezaron.
- Tómese un momento para meditar en las cosas que Dios le ha llamado a hacer y pregúntese: "¿Qué estoy haciendo hoy para terminar lo que Dios me ha puesto por delante?".

Sugerencias para poner en práctica "Termine un proyecto"

- Encuentre una manualidad, una tarea, un proyecto en su casa que haya dejado sin terminar y... ¡termínelo hoy!

- De un vistazo a las cosas que no ha terminado en el pasado. Ahora pregúntese a sí mismo la razón por las que no las terminó. ¿Hay algún tema en común? Ore y pídale a Dios que le dé la fortaleza para terminar bien.

- Hacer diferentes tareas al mismo tiempo puede ser bueno, pero no permita que esto sea una excusa para trabajar varias cosas al mismo tiempo sin completar ninguna de ellas. En el próximo proyecto que empiece, vea todo el proceso hasta completarlo.

CAPÍTULO 18

Perdone y olvide

El perdón es la máxima expresión del amor.
—Reinhold Niebuhr

Perdonar a otra persona es algo que a mucha gente se le dificulta hacer. Si alguna vez ha sido profundamente lastimado o decepcionado, probablemente sabe a qué me refiero. Sin embargo, quiero hablarle de Erik Fitzgerald. Creo que su historia es un gran ejemplo a seguir.

El 2 de octubre de 2006, la vida de Erik Fitzgerald cambió para siempre. Ese fue el día en que se le informó que su esposa, June, había muerto en un accidente terrible.

En las primeras horas de la mañana, June iba manejando por una autopista de Georgia con su hija, Faith, de diecinueve meses de edad, cuando un trabajador de servicios de emergencia, llamado Matt Swatzell, chocó contra el carro de ella. Swatzell acababa de terminar un turno de veinticuatro horas y se había quedado dormido en el timón. La pequeña Faith Fitzgerald sobrevivió el accidente, pero June, quien estaba embarazada, no sobrevivió.

Erik Fitzgerald lloró la pérdida de su esposa y del bebé, pero en lugar de enojarse, de ser hostil o estar amargado contra el hombre que los mató, él hizo algo más...lo perdonó. No solo perdonó a Swatzell, sino que, además, desarrolló una amistad con él. Empezaron a ir a la iglesia juntos y a comer juntos de vez en cuando. A pesar del dolor que sentía, Erik sabía que Matt también estaba dolido, tratando con una culpabilidad y tristeza tremenda. Así que Erik hizo

lo que la mayoría de las personas no haría: él perdonó.
Cuando los reporteros le preguntaron cómo pudo haber tomado la decisión para otorgar tal perdón, Erik Fitzgerald
respondió: "uno perdona en la misma medida en que fue
perdonado. No era una opción. Si usted ha sido perdonado,
necesita extender ese perdón".

¡Qué ejemplo de perdón tan poderoso! Erik tenía toda
la razón; no perdonamos porque sea fácil o porque tengamos ganas de hacerlo. Perdonamos porque Dios nos perdonó a nosotros. El apóstol Pablo lo dijo de esta manera en
Efesios 4:32:

> Antes sed benignos unos con otros, miseri-
> cordiosos, perdonándoos unos a otros, como
> Dios también os perdonó a vosotros en Cristo.

Aunque hemos recibido el perdón de Dios, y aunque sabemos en nuestro corazón que deberíamos perdonar a esa
persona que nos lastimó o nos defraudó, aun así, puede
ser difícil. Si verdaderamente quiere hacer que cada día sea
mejor, si realmente quiere disfrutar su vida, es importante
que perdone a quienes lo han lastimado o decepcionado.

Este capítulo se titula "Perdone y olvide" por una razón.
Tiene que dejar de repasar una y otra vez en sus pensamientos todos los detalles de lo que sucedió y le lastimó, y
tiene que olvidar la venganza. Con la ayuda de Dios, usted
puede soltar toda la amargura, enojo y necesidad de castigar
a la persona que le lastimó. Cuando lo perdona por completo y confía en que Dios manejará la situación por usted,
allí es cuando usted llega a ser libre para continuar y disfrutar el resto de su vida. Dios es nuestro defensor y Él trae
justicia a nuestra vida, pero solo si dejamos pasar la ofensa y
oramos por quienes nos han herido.

Perdonar a alguien más, en realidad lo beneficia a usted

Mucha gente arruina su salud y reduce la calidad de su vida al tomar el veneno de la amargura y la falta de perdón. Mateo 18:23–35 nos dice que, si no perdonamos a los demás, somos entregados a los "torturadores". Si usted ha guardado rencor o abrigado un resentimiento en su corazón, estoy segura de que concuerda con eso. Es una tortura tener pensamientos de odio hacia otra persona deambulando por su mente. Ni siquiera puedo imaginarme cuántos días malos he tenido en mi vida simplemente por haber estado enojada con alguien que me lastimó o me ofendió. Me rehúso a seguir viviendo de esa manera y usted también puede hacerlo. Podemos elegir perdonar y disfrutar cada día de nuestra vida.

Perdonar a otra persona es un gran beneficio para... ¡usted! En realidad, se está ayudando a sí mismo más que a la otra persona. Perdonar a la gente que me había lastimado siempre lo vi como algo muy difícil. Pensaba que parecía tan injusto que ellos recibieran perdón cuando yo era la persona que había sido lastimada. A mí me dolía, pero ellos fueron liberados sin tener que pagar por el dolor que habían causado. ¡No es justo! Sin embargo, ahora me doy cuenta que cuando elijo perdonar hago algo saludable y útil para mí misma.

Cuando perdono, me remuevo a mí misma de la situación y permito que Dios haga lo que solamente Él puede hacer. Si estorbo, tratando de vengarme o hacerme cargo de la situación en lugar de confiar y obedecer a Dios, Él no tiene obligación alguna de tratar con esa persona. Sin embargo, Dios tratará con aquellos que nos lastiman si los ponemos en las manos de Él a través del perdón. El acto de perdonar es nuestra semilla de obediencia a su Palabra. Una vez que hayamos sembrado esa semilla, Dios es fiel para traer una cosecha de bendición para nosotros de una y otra manera.

Aún hay más maneras en que el perdón nos beneficia:

- Libera a Dios para que haga su obra en la vida de la persona que nos lastimó y también en la nuestra.
- Somos más felices y nos sentimos mejor físicamente cuando no estamos llenos del veneno de la falta de perdón. (Se pueden desarrollar enfermedades serias como resultado del estrés y la presión que la amargura, el resentimiento y la falta de perdón ponen en una persona).
- Marcos 11:22–26 nos enseña claramente que la falta de perdón impide que nuestra fe obre. (El Padre no puede perdonar nuestros pecados si nosotros no perdonamos a los demás. Podemos cosechar lo que sembramos. Siembre misericordia y cosechará misericordia; siembre juicio y cosechará juicio).
- Su relación con Dios fluye libremente cuando usted está dispuesto a perdonar, pero se bloquea cuando hay falta de perdón.
- El perdón también impide que Satanás se aproveche de nosotros (vea 2 Corintios 2:10–11). (Efesios 4:26–27 nos dice que no permitamos que el sol se ponga sobre nuestro enojo ni demos lugar u oportunidad al diablo. Recuerde que el diablo tiene que tener un *punto de apoyo* antes de formar una *atadura*. No le ayude a Satanás a torturarlo a usted. Sea pronto para perdonar).

Por todas estas razones y más, reconozca que tan difícil como podría ser perdonar a la o las personas que lo lastimaron u ofendieron es, en realidad, lo mejor que puede hacer...por usted. Por eso es que me gusta decirlo de esta forma: ¡Hágase a *sí mismo* un favor y perdone!

Haga lo impensable

Cuando alguien le ofende o lastima sus sentimientos, ¿cómo reacciona? ¿Permite que le robe la paz? ¿Permite que esas acciones le roben su gozo? ¿Es algo que hace que sus emociones se desenfrenen?

La Palabra de Dios nos dice lo que debemos hacer cuando la gente nos lastima (y es una idea muy sorprendente):

> Pero a ustedes los que oyen, les digo: amen a sus enemigos; hagan bien a los que los aborrecen; bendigan a los que los maldicen; oren por los que los insultan.
>
> Lucas 6:27–28, BLPH

Esa es una idea radical, ¿cierto? Cuando alguien nos lastima, Dios nos instruye a amar a nuestros enemigos. Eso es lo que Erik Fitzgerald hizo. En realidad, él quería ayudar al hombre que causó el accidente que mató a su esposa y al bebé que esperaban, no quería que pasara su vida sintiéndose culpable y condenado por haber cometido un error. ¡Caramba! Qué gran ejemplo de amor verdadero.

Si usted pensó que eso era radical, Lucas 6:35 va aún más allá. Dice:

> Ustedes, por el contrario, amen a sus enemigos, háganles bien y denles prestado sin esperar nada a cambio. Así tendrán una gran recompensa y serán hijos del Altísimo, porque él es bondadoso con los ingratos y malvados.

¡Caramba! No solo tenemos que orar por nuestros enemigos, sino que la Biblia nos instruye a hacer ¡algo bueno por ellos! Dios sabe que una cosa es decir que perdona a alguien, pero cuando empieza a ponerle acciones a su perdón, entonces se vuelve verdadero. Llega a ser verdadero para

ellos...pero, más importante, llega a ser verdadero para usted.
Probablemente no pueda ha-
cerlo en sus propias fuerzas,
pero con la ayuda de Dios usted
puede "hacer bien" a quienes le
han lastimado.

> *Una cosa es decir que*
> *perdona a alguien,*
> *pero cuando empieza*
> *a ponerle acciones a*
> *su perdón, entonces se*
> *vuelve verdadero.*

Seamos prácticos a este respecto. Si tenemos un compa-
ñero de trabajo que recibe un ascenso, por el cual hemos
estado orando a Dios para nosotros, al momento en que empezamos a sentirnos celosos y envidiosos, podemos hacer
algo como darle una tarjeta de regalo de su restaurante favorito y felicitarlo por el ascenso. Acciones como esta, cualquier manera práctica de "hacer bien", tienen un poder
tremendo. Cuando lo hacemos, rompen el poder del diablo
ya que Romanos 12:21 dice que vencemos el mal con el
bien. He aprendido este principio y me ha cambiado la vida.

Cuando vemos con compasión a la gente que nos ha lastimado y hacemos la oración que Jesús hizo: "Padre, per-
dónalos porque no saben lo que hacen", hay una fiesta en
nuestro interior. Lucas 6:35 dice que cuando perdonamos:
"tendrán una gran recompensa y serán hijos del Altísimo", ¡Dios
recompensará su disposición para perdonar!

Ninguno de nosotros sabe cuándo tendremos que perdonar, así que yo creo que ¡es sabio estar preparados! Ore
por anticipado y haga un plan para perdonar a cualquiera
que lo lastime u ofenda. Niéguese a ir a dormir enojado, o a
desperdiciar su día estando amargado.

Verificación de perdón

Si alguien lo ha lastimado, no pase los próximos diez años
de su vida doliéndose por aferrarse a esa ofensa. Muy probablemente, la otra persona ni siquiera está pensando en usted,

mientras usted sigue pensando en el incidente por años. Eso solo lastima a una persona: a usted.

> Perdonar es un proceso. Es una decisión diaria.

Perdonar es un proceso. Es una decisión diaria. No se desanime si siente como que perdonó a alguien ayer, pero tiene un sentimiento de ira o resentimiento hacia esa persona hoy. Sencillamente, elija seguir avanzando en el perdón. El perdón no es un sentimiento, ¡es una decisión a cerca de la forma en que trataremos a aquellos que nos han lastimado! Si usted no está seguro si en realidad ha perdonado a alguien o no, permítame darle tres rasgos de identificación del perdón:

1. El amor no lleva conteos

En Lucas 15:29, el hermano mayor del hijo pródigo dijo: *"He aquí, tantos años te sirvo"*. Pedro quería saber cuántas veces tenía que perdonar a alguien. La falta de perdón siempre está atenta a la cuenta. Pero, por el contrario, 1 Corintios 13:5 dice: *"El amor… no lleva un registro"* (NTV). El amor no lleva una cuenta del mal recibido.

En los primeros días de nuestro matrimonio, cuando Dave y yo teníamos una discusión o un desacuerdo, yo tenía el mal hábito de sacar a relucir cosas que pasaron muchos años antes, y Dave decía: "¿Dónde guardas todas esas cosas?". ¿Qué era lo que yo hacía? Yo llevaba la cuenta. Me estaba aferrando a todas mis quejas y cada cosa nueva que Dave hacía mal, se agregaba a esta lista. Continuó creciendo hasta que se convirtió en un gigante amargado en mi corazón. En realidad, puedo recordar que un día, hace muchos años, estaba sentada haciendo una lista de todas las cosas que Dave había hecho que yo no pensaba que estaban bien. ¡No hace mucho, hice una lista de todas las cosas que sí hace bien! ¡No es de sorprenderse de que yo no fuera feliz en aquel entonces y que ahora sí soy feliz! Cuando usted esté teniendo uno de esos días malos de los que hemos estado hablando, revise su corazón y pregúntese a sí mismo si hay alguien a quien necesite perdonar.

Pídale a Dios que le ayude a borrar el marcador. En lugar de aferrarse al dolor y las heridas de ofensas pasadas, elija perdonar y soltar. No se "gana"

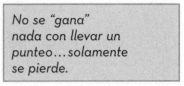

No se "gana" nada con llevar un punteo…solamente se pierde.

nada con llevar un punteo…solamente se pierde. Elija perdonar y niéguese a llevar un coteo.

2. El perdón no se queja

¿Alguna vez se ha descubierto a sí mismo pensando algo como: *tú nunca haces nada por mí*? Esta actitud solo mira lo que otros no están haciendo y no ve lo que ellos sí hacen. La Palabra de Dios nos muestra claramente que no debemos quejarnos. Y si se queja acerca de un incidente o de una ofensa, no la superará. No desperdicie su tiempo quejándose. No le traerá gozo y solamente lo mantendrá atrapado en la amargura y el resentimiento.

3. El perdón le da a aquellos que han sido la fuente de su dolor.

Una persona que ha perdonado por completo estaría dispuesta a dar a la persona que la lastimó. Recientemente, le pedí a alguien que hiciera algo para mí y esa persona dijo sencillamente: "No, no puedo hacer eso". Estaba sorprendida y decepcionada, pero no pensé mucho en eso después. Unas dos semanas después, tenía un hermoso candelero y una vela que había comprado, pero que no quedaba bien en la decoración de mi casa; y mientras conversaba con una amiga acerca de a quién podría dárselo, ella sugirió a la persona que no me había ayudado. De mi boca salieron estas palabras: "No me interesa dársela a ella; ¡ella no me ayudó cuando se lo pedí!". Ni siquiera sabía que no la había perdonado por haberme decepcionado, pero cuando me escuché a mí misma, supe que mi corazón no estaba bien. Me arrepentí rápidamente y dije: "Sí, por favor dásela a ella".

El inicio de una vida mejor

El perdón es el primer paso para un día mejor y para una vida mejor. No significa que usted niegue su dolor y no excusa a la persona que lo lastimó. Sin embargo, si elige dejar ir su amargura y su enojo, Dios sanará su dolor y Él tratará con la gente que lo ha lastimado.

Si quiere que su hoy sea mejor (y mañana…y el día siguiente…y todos los días de ahora en adelante), sea una persona que perdona. Elija perdonar la ofensa y olvídese de la venganza. Recuerde: A usted se le ha perdonado mucho; esta es su oportunidad para dar el mismo regalo de perdón a alguien más.

Lo que debe recordar:

- No perdonamos porque sea fácil o porque lo sintamos. Perdonamos porque Dios nos perdonó a nosotros primero.
- No solo debemos orar por nuestros enemigos, ¡sino que la Biblia nos instruye a hacer algo bueno por ellos!
- El perdón no lleva conteo, no se queja y no tiene envidia.
- ¡El perdón siempre viene con una recompensa!

Sugerencias para poner en práctica "Perdone y olvide"

- Escriba una nueva lista: en lugar de tener una lista de todas las personas que le han hecho daño, haga una lista de las cosas por las que Dios lo ha perdonado.

- Hoy, en su tiempo de oración, ore por las personas que lo han herido. Ore porque Dios los sane, los cambie y los bendiga.

- Vaya y compre una tarjeta o un pequeño regalo para alguien quien le ha ofendido en el pasado. Entréguelo como una demostración que los ha perdonado y está renunciando a toda amargura o resentimiento.

CAPÍTULO 19

Sea agradecido

En lo que se refiere a la vida, lo crítico es si usted
da las cosas por sentado o las recibe con gratitud.
—G. K. Chesterton

Una vez escuché un chiste acerca de la gratitud que iba más o menos así:

Un día, dos amigos se reunieron a tomar café, y uno de los amigos parecía especialmente molesto, estaba al borde del llanto.

"¿Qué sucede?", preguntó su amigo. "¿Por qué estás tan molesto?".

"Bueno", el consternado hombre respondió: "mi tía murió hace tres semanas y me dejó $25,000 dólares".

"¡Vaya! ¡Eso es mucho dinero!".

"Aún no termino", interrumpió el amigo molesto. "Hace dos semanas, un primo, del lado de la familia de mi madre, murió y me dejó $80,000 dólares".

"Mi sentido pésame", dijo el amigo que escuchaba, "pero, de nuevo, esa es una gran suma de dinero".

"Y la semana pasada... mi abuelo murió y me dejó medio millón de dólares".

"¿Qué? ¡Has heredado bastante! ¿Cómo puedes estar tan molesto?".

"Te diré cómo puedo estar molesto: Esta semana... ¡nada!".

Creo que este chiste es más cierto en la realidad de lo que a la mayoría de personas le gustaría admitir. La verdad es que hemos sido bendecidos con tanto y aun así, muchas

veces, somos tan mal agradecidos. Muchas veces nos concentramos en lo que no tenemos en lugar de en lo que sí tenemos. Sin embargo, la gra-
titud nace de un corazón que reconoce; un corazón que comprende lo mucho que ha recibido.

> La gratitud nace de un corazón que reconoce; un corazón que comprende lo mucho que ha recibido.

Creo que se puede decir que la gratitud mejora cualquier día. Una de las causas principales de los "días malos" es que ponemos nuestro enfoque en lo que no tenemos en lugar de mantenerlo en lo que sí tenemos. Pensamos en lo que la gente no ha hecho por nosotros, en lugar de lo que sí ha hecho por nosotros.

La mayoría de las personas estarían de acuerdo en que tenemos mucho que agradecer. Después de todo, tenemos un estilo de vida lleno de conveniencias comparado con muchos otros países del mundo. La mayoría de nosotros vive en casas cómodas, viste ropa bonita y tiene un transporte confiable. No nos falta agua potable ni comida saludable. Tenemos acceso a cuidados de salud de calidad y educación, y básicamente llevamos una vida buena con mucha libertad y seguridad. Es muy fácil dar por garantizado todas esas bendiciones, y a veces entramos en el mal hábito de enfocarnos en lo que no tenemos, pero necesitamos recordar que hay millones de personas alrededor del mundo que viven sin tener cubiertas las necesidades básicas de la vida.

Aún recuerdo cuando uno de nuestros hijos fue por un fin de semana, con un equipo de alcance a ministrar a las personas sin hogar. Cuando me llamó y me dijo: "Mamá, si alguna vez vuelvo a quejarme, por favor, castígame por ser tan mal agradecido", supe que lo había impactado profundamente. Él estaba muy molesto por su falta de gratitud previa al ver las condiciones en las que viven otras personas.

Piense en esto:

- A aquellos que no tienen un lugar donde vivir, les encantaría tener una casa que limpiar; sin embargo, muchos de los que tienen casa, se quejan de tener que mantenerla limpia.
- Una persona sin carro sueña con tener transporte, mientras que quien tiene un carro tiende a quejarse acerca del costo de la gasolina y los cambios de aceite.
- Alguien que está desempleado está desesperado por conseguir trabajo, mientras que mucha gente que tiene un trabajo cómodo se queja por tener que quedarse veinte minutos más.
- Una mujer con un esposo imperfecto podría quejarse de sus faltas, pero una mujer sola estaría feliz de tener a alguien con quien compartir una comida.

Deberíamos pedirle a Dios que nos ayude a mantener una perspectiva apropiada porque se nos ha dado tanto. ¡En realidad, tenemos mucho por qué estar agradecidos!

Pero la verdad es que es muy fácil olvidar cuán bendecidos somos. Lo hacemos siempre. El Día de Acción de Gracias parece ser un día del año en que recordamos: *Ah sí, ¡tengo mucho que agradecer!* Pero incluso ese día muchas veces se convierte en preocuparse más por el pavo, los aderezos y los postres que de dar gracias. Mantener una actitud de gratitud no es fácil: es algo que definitivamente necesitamos hacer a propósito. Con eso en mente, permítame darle tres cosas que usted puede hacer hoy para que pueda a disfrutar cada día con una mentalidad de agradecimiento:

Desarrolle una actitud de alabanza y agradecimiento

Quizá lo mejor que podamos hacer a lo largo del día es alabar a Dios y agradecerle mientras hacemos lo que tengamos que hacer. No importa lo que esté tratando de edificar: su familia, su matrimonio, su negocio, seguridad financiera o incluso un plan de ejercicio; usted puede alabar a Dios con gratitud a medida que avanza en su día. Mire a su alrededor y no pasará mucho tiempo antes de que encuentre muchas cosas por las que puede alabar. Esta mañana, cuando me levanté, agradecí a Dios por poder caminar. Empiece temprano y manténgalo durante el día.

Incluso podemos alabar a Dios durante situaciones que parecen insignificantes y que llenan nuestro itinerario: cosas pequeñas como vestirse (agradezca a Dios por tener ropa que ponerse), manejar al trabajo (agradezca a Dios por su carro y su trabajo), ir a la tienda de abarrotes (agradezca a Dios que no tiene que sembrar su comida), la capacidad para enviar correos electrónicos (agradezca a Dios lo conveniente que es comunicarse con personas en estos días) y cientos de otras cosas rutinarias que podríamos dar por garantizadas cada día. Pasamos la mayor parte de nuestro tiempo haciendo estas cosas ordinarias a diario, así que ¿por qué no aprender a apreciarlas, disfrutarlas y alabar a Dios mientras las hacemos?

Desarrollar un corazón de alabanza no solamente honra a Dios... ¡es bueno para nosotros! A. W. Tozer dijo: "Sin adoración, andamos tristemente". La solución a la tristeza es sencilla: dar alabanza a Dios. Cuando alabamos a Dios por su bondad, sus bendiciones y los muchos beneficios que nos da, eso nos trae paz y nos llena de gozo. Alabar a Dios es una manera tremenda de iluminar cada día.

En mis conferencias, me aseguro de estar en el servicio tan pronto como la alabanza y la adoración empiezan, ya que me encanta estar en la presencia de Dios. De hecho, antes de dirigirme a la audiencia, me aseguro de haber entrado en alabanza y adoración. Yo quiero centras mis pensamientos en Dios, agradecerle por lo que ha hecho en mi vida y por las palabras que me da para hablar, y quiero darle alabanza por todo lo demás que Él va a hacer.

> *Dar gracias a lo largo del día es sencillamente una manera de mostrarle a Dios cuán agradecidos estamos por quien Él es.*

Lo cierto es que Dios no necesita nuestra alabanza o aprobación. No tenemos que darle gracias para hacerlo feliz, para satisfacer un requisito espiritual o para tratar de motivarlo a hacer algo más por nosotros. Dar gracias a lo largo del día es sencillamente una manera de mostrarle a Dios cuán agradecidos estamos por quien Él es.

Se dice que la alabanza es una historia o narrativa de algo que Dios ha hecho. Cuando le agradecemos a Dios por las cosas simples como agua potable fría y caliente en nuestro hogar, estamos contando una historia de algo que Dios ha provisto y declaramos su bondad. Es una actitud de corazón agradecido que dice: te amo, Señor. Te adoro. Reconozco que esta bendición viene de ti. Agradecerle a Dios con regularidad no solo nos ayuda a estar plenamente conscientes de su obra en nuestra vida, sino también nos da una perspectiva nueva: nuestra mente se renueva, nuestra actitud mejora y somos llenos de gozo (vea Salmo 16:11).

Empiece un diario de gratitud

Salmo 1:2 dice que el justo *"medita"* en los *"preceptos, las instrucciones, las enseñanzas de Dios"*. ¿Cómo hace eso? Estudiando la Palabra de Dios. Para meditar en la Palabra de Dios es necesario leerla y estudiarla con regularidad. Esta mañana, cuando salí a caminar para ejercitarme, medité y confesé la Palabra de Dios durante hora y media. Puedo hacer eso solamente porque he tomado tiempo durante años para llenarme a mí misma con la Palabra de Dios. Mientras más pienso en la Palabra de Dios y en sus promesas, más llena de energía y de vida me siento. La Palabra de Dios tiene poder en sí misma. Es el alimento que nutre nuestro espíritu y lo mantiene fuerte.

Junto con la Palabra de Dios, otra cosa en la que puede meditar (enfocarse, concentrarse) es en una lista de cosas buenas que Dios ha hecho en su vida. Una maravillosa manera de hacer esto es empezar un "diario de gratitud". Este es solamente un diario donde usted registra las bendiciones de Dios por las que está agradecido.

Muchas veces estamos frustrados y tristes a lo largo del día porque pensamos en todo lo que está saliendo mal. Sin embargo, lo cierto es que muchas cosas han salido bien, y nosotros no nos damos cuenta de ellas...o ya las olvidamos. Si toma una decisión consciente de buscar las cosas buenas cada día para que pueda escribirlas en su diario de gratitud, tendrá un día mucho mejor y cuando se sienta decaído puede leer su diario y recordar las cosas maravillosas que Dios ha hecho en su vida.

Le animo a intentarlo y ver cuántas cosas fueron de bendición para usted a lo largo del día. ¿Cuán alto puede llegar a ser ese número si usted está siendo verdaderamente agradecido por las pequeñas bendiciones y las grandes bendiciones? ¿Diez cosas? ¿Veinte cosas? ¿Treinta o cuarenta cosas? Yo creo que una vez empiece a escribirlas, se sorprenderá de cuánto tiene que agradecer. Aunque haga algo como esto de manera esporádica, será muy bueno para usted. A Dios le encanta bendecirlo; ¡tengo la sensación de que Él va a llenar su diario de gratitud en tiempo récord!

Verbalice su gratitud

¿Cuándo fue la última vez que usted le dijo a alguien un "gracias" sincero? No estoy hablando de solamente agradecerle al barista cuando le entrega su café o agradecerle al cajero por su cambio (aunque es bueno agradecerles a ellos también), estoy hablando de agradecer genuinamente a las personas que le rodean.

- ¡Gracias, cónyuge, por tu trabajo duro y amor por nuestra familia!
- ¡Gracias, jefe, por la oportunidad que me ha dado para trabajar aquí!
- ¡Gracias, amigo, por salir conmigo esta noche y darme ánimo regularmente!
- ¡Gracias, trabajador, por su buen desempeño y el compromiso que tiene para la compañía!

Usted podría pensar: *Joyce, no debería tener que hacer eso. La gente que me rodea conoce mis sentimientos.* Ellos no saben, a menos que usted les diga…y aunque lo supieran, agradecerles es un gran recordatorio.

> "Gracias" es una frase sin egoísmo que trae un progreso significativo en su vida.

Le voy a compartir un secretito: Decirle "gracias" a alguien es tan beneficioso para usted como lo es para ellos; desarrolla una actitud de gratitud. Cuando elije agradecer a quienes le rodean, usted se vuelve intensamente consciente de cuán bendecido es. Es casi imposible andar de mal humor, frustrado y triste si ha estado agradeciéndole a la gente todo el día incluso por las cosas más pequeñas. "Gracias" es una frase sin egoísmo que trae un progreso significativo en su vida.

Empecemos

Cada momento que se nos da es un regalo precioso de Dios. Podemos elegir tener una actitud agradecida y vivir cada momento llenos de gozo...sencillamente porque Dios es bueno y Él nos ha dado mucho por qué estar agradecidos. Terminemos este capítulo poniéndolo en práctica. Abajo hay una lista de las cosas (grandes y pequeñas) por las que puede estar agradecido hoy:

- Su familia
- Un techo sobre su cabeza
- La ropa que lleva puesta
- Los amigos que lo rodean
- Las pruebas que Dios le ha ayudado a superar
- Un sueño hecho realidad
- Un cuerpo saludable (aun si está lidiando con una enfermedad, o tiene dolor en este momento, puede estar agradecido por las otras partes de su cuerpo que están sanas)
- Su trabajo
- Los dones y talentos que Dios le ha dado
- Agua limpia
- La tecnología moderna que usa cada día
- La Palabra de Dios
- El amor incondicional de Dios por usted

Su lista puede (y debería) crecer más y más. Yo solo estoy dándole algunas ideas para que empiece. Le animo a que haga su propia lista y le añada

> *No hay desventaja en la gratitud.*

algo cada día. Es una de las mejores cosas que puede hacer si realmente quiere disfrutar su vida y aprovechar al máximo cada día que Dios le da. No hay desventaja en la gratitud, es una de las cosas más saludables, llenas de gozo, que usted puede hacer. Así que, ¿qué espera? El mejor momento para ser agradecido es siempre: ahora mismo.

Lo que debe recordar:

- Tenemos mucho que agradecer. Vivimos en hogares cómodos, usamos ropa bonita y tenemos transporte confiable. No nos falta agua limpia ni comida saludable. Tenemos acceso a servicios de salud de calidad y educación, y básicamente vivimos bien con mucha libertad y seguridad.
- Mantener una actitud de gratitud no es fácil; es algo que definitivamente tenemos que hacer a propósito.
- Cuando alabamos a Dios por su bondad, sus bendiciones y sus muchos beneficios, eso nos trae paz y nos llena de gozo.
- Podemos elegir tener una actitud de agradecimiento y vivir cada momento del día llenos de gozo...sencillamente porque Dios es bueno y nos ha dado mucho que agradecer.
- Decirle "gracias" a alguien es tan beneficioso para usted como lo es para los demás. Desarrolla en usted una actitud de gratitud.

Sugerencias para poner en práctica "Sea agradecido"

- Salga y compre un diario o un cuaderno hoy para que pronto pueda empezar su diario de gratitud.

- Cuéntele por lo menos a cinco personas que conoce cuán agradecido está por cada una de ellas. Llámelos, escríbales una nota o dígaselos cara a cara. Ellos van a ser muy bendecidos . . . ¡y usted también!

- Intente hacer este experimento: la próxima semana, que la primera oración que pronuncie en la mañana y la última oración que diga en la noche, sea una oración de gratitud. Vea cómo esta nueva actitud aumenta su paz y gozo.

CAPÍTULO 20

Maravíllese

*Bienaventurada el alma que ha sido maravillada
por haber visto la majestad de Dios.*

—A. W. Pink

Es bueno estar enfocado en lo que se hace, pero necesitamos, además, estar seguros de no perdernos de las cosas maravillosas que pasan a nuestro alrededor. No podemos lograr mucho en la vida sin enfocarnos, ¡pero no podemos disfrutar mucho de la vida sin estar maravillados! No mantenga su cabeza baja, enfocándose en lo que está haciendo tanto que se pierde el milagro del momento. ¡Marta lo hizo! En la Biblia se nos cuenta una historia acerca de Jesús cuando fue a visitar el hogar de Marta y María. Marta estaba tan preocupada en servir y asegurarse de que todo estaba perfecto para la visita que ¡se perdió del milagro del momento! Jesús estaba en la casa y ella tenía la oportunidad de sentarse a sus pies y aprender de Él, pero estaba frustrada porque María no la ayudaba. María, por otro lado, estaba sentada a los pies de Jesús, escuchándolo. Cuando Marta se quejó con Jesús, Él le dijo que ella estaba demasiado preocupada y ansiosa por muchas cosas, y que María había escogido lo mejor (vea Lucas 10:38–42). El trabajo era importante, pero justo en ese momento, ¡ponerle atención a Jesús era

> *No podemos lograr mucho en la vida sin enfocarnos, ¡pero no podemos disfrutar mucho de la vida sin estar maravillados!*

más importante! Asegúrese de no estar tan ocupado en la tristeza que se pierda de todos los milagros a su alrededor.

> Asegúrese de no estar tan ocupado en la tristeza que se pierda de todos los milagros a su alrededor.

A veces tengo el privilegio de estar sentada cerca del mar cuando trabajo en mis libros. Ha habido ocasiones cuando he mantenido mi cabeza baja durante siete u ocho horas y nunca la levanto excepto para ir al baño. Lo triste es que yo tenía el mar frente a mí, pero no lo veía solo porque estaba tratando de alcanzar un objetivo. No estoy sugiriendo que no deberíamos alcanzar nuestras metas. Yo soy una persona muy orientada por objetivos, pero he aprendido que puedo tomar unos momentos cada hora o algo así para disfrutar la vista y, aun así, el libro será terminado. En realidad, pienso que tenemos más energía creativa para hacer lo que sea que tratamos de hacer si nos detenemos un momento y ¡nos damos un tiempo para estar maravillados!

Quiero animarle a rechazar vivir con "la cabeza baja" y optar por ser maravillado. Dios quiere que usted viva: atónito, anonadado, inspirado y maravillado. La bondad de Dios y el esplendor de su creación están a su alrededor si lo ve. Solo imagine cuán mejor sería cada día de su vida si optara por maravillarse de:

- La majestuosidad del amanecer
- La calidez de un abrazo
- Los pájaros que parecen cantar siempre
- Las propiedades curativas de una buena carcajada
- El amor en los ojos de su cónyuge
- La creatividad de sus hijos
- La lealtad de un amigo
- Las bendiciones que experimenta cada día
- El talento de un artista

- Los colores del atardecer
- La presencia de Dios

Esas son solo unas pocas de las cosas sorprendentes que pueden suceder cada día y son demasiado maravillosas como para perdérselas. Si verdaderamente quiere hacer que cada día sea mejor, una de las mejores cosas que puede hacer es tomar tiempo para contemplar las cosas maravillosas que suceden a su alrededor... y maravillarse.

Ahora bien, admito que las cosas que mencioné arriba están sujetas a cambio. Quizá no *siempre* sean tan obvias. A veces las nubes ocultan el amanecer, a veces un amigo nos decepciona, y hay ciertos días en que los pájaros no cantan tan fuerte. Sin embargo, eso no significa que usted no pueda vivir maravillado. Quiero compartirle dos cosas que nunca decepcionan; dos cosas que pueden maravillarlo día tras día si las ve: (1) la grandeza de Dios y (2) el privilegio de confiar en Dios.

La grandeza de Dios

"Sublime gracia del Señor, que a un vil pecador..."

"Cuán grande es Él..."

"Jesús, Jesús, Jesús, qué bello es pronunciar tu nombre..."

"Bendice alma mía al Señor y no olvides ninguno..."

Probablemente reconoce la letra de esos himnos clásicos de la iglesia. Sus palabras comunican cierta maravilla y sublimidad de la grandeza de Dios. Este tipo de asombro de ojos perplejos y boca abierta ciertamente inspira una perspectiva de la vida de esperanza y confianza.

A continuación, lo que dice la Escritura acerca de la fuerza y el poder de Dios:

> Jehová reina; se vistió de magnificencia; Jehová se vistió, se ciñó de poder. Afirmó también el mundo, y no se moverá.
>
> Salmo 93:1

> Tuya es, oh Jehová, la magnificencia y el poder, la gloria, la victoria y el honor; porque todas las cosas que están en los cielos y en la tierra son tuyas. Tuyo, oh Jehová, es el reino, y tú eres excelso sobre todos.
>
> 1 Crónicas 29:11

> Jehová dijo así: El cielo es mi trono, y la tierra estrado de mis pies; ¿dónde está la casa que me habréis de edificar, y dónde el lugar de mi reposo?
>
> Isaías 66:1

¡Caramba! Nuestro Dios es tan poderoso que Él está "vestido" en majestad, ¡la tierra es el estrado de sus pies! ¡Allí hay algo para estar maravillado! No hay ninguna persona, ningún enemigo, ningún poder y ninguna potestad más fuerte que nuestro Dios, ¡y Él le ama!

> *No hay ninguna persona, ningún enemigo, ningún poder y ninguna potestad más fuerte que nuestro Dios, ¡y Él le ama!*

Hoy día tenemos numerosas maneras para identificar y aprender acerca de la grandeza de Dios. Podemos ver y escuchar enseñanzas bíblicas en la televisión, la radio y la internet; podemos hayar ánimo a través de los medios sociales; podemos escuchar música que nos reanime; podemos leer libros útiles basados en la Biblia...la lista es casi infinita. Sin embargo, tristemente, aunque tengamos todas esas maneras para estar maravillados, aún parece que falta mucho de nuestra reverencia y asombro por Dios.

La familiaridad podría ser la razón principal por la que hemos perdido nuestro sentido de asombro en quien Dios es. Cuando permitimos que algo, o alguien, se vuelva común u ordinario para nosotros, muchas veces podemos empezar a darlo por garantizado y ya no es especial. Para mucha gente, esto es lo que ha sucedido con su visión de Dios.

Esto es lo que les pasó a los hijos de Israel en el primer libro de Samuel. El Arca del Pacto era extremadamente importante para los israelitas porque contenía la presencia de Dios. Era santa y tratada con reverencia. Era tan especial...tan especial que no debía ser tocada por manos humanas. Los sacerdotes insertaban palos a través de los anillos a los lados para poder cargar el Arca porque no se le permitía tocarla a nadie. El Arca iba a todas partes con ellos. Incluso la seguía en la batalla...y cada vez que lo hacían ¡ganaban la lucha!

Maravilloso, ¿verdad? ¡La grandeza de Dios era algo que verdaderamente maravillaba!

Pero vea lo que sucedió: En lugar de permanecer maravillados, los israelitas empezaron a estar muy familiarizados con la presencia de Dios. Ellos empezaron a darlo por sentado, y cuando lo hicieron, sus enemigos empezaron a vencerlos en la batalla. Los filisteos en realidad se llevaron el Arca con ellos. Los israelitas perdieron la presencia...¡la gloria de Dios! Y aun cuando la recuperaron con el tiempo, algunos continuaban tratándola sin respeto, la tocaban, aunque se les había prohibido hacerlo (vea 1 Samuel 4–6).

Si siente que ha perdido el sentido de asombro, no se preocupe; usted puede reavivarlo. Nuestra perspectiva de Dios, a veces, es como un bote de aderezo para ensalada en la alacena. La mayor parte de la sazón se queda en el fondo el bote. Pero cuando agita el frasco, todos los ingredientes se mezclan y, entonces, el aderezo puede añadir sabor a la ensalada. De la misma forma, nosotros nos agitamos para recuperar la maravilla, reverencia y asombro que una vez tuvimos por el Señor. Yo tengo que hacer esto de vez en cuando. Todos podemos estar tan absortos en la vida, lidiando con nuestros problemas diarios que olvidamos cuán maravilloso es Dios. Agite esos recuerdos de lo que Dios ha hecho por usted. Empiece a hacer lo que hizo cuando fue lleno de la presencia de Dios, su gracia y amor la primera vez. Puedo asegurarle que Dios aún hace cosas maravillosas cada día a su alrededor, pero quizá usted necesite tomar un momento para reconocerlas. Mientras más maravillado esté, ¡mejor será cada día!

Hay varias formas en que podemos agitarnos a nosotros mismo. Solo deténgase y piense por un momento:

- Empiece a recordar la bondad de Dios en su vida. Recuerde las cosas que Él ya ha hecho para bendecirlo a usted.
- Piense en algunas de las malas situaciones de las que Él lo ha protegido, como quizá un mal accidente donde usted no estuvo porque se le quedaron las llaves en el carro y se le hizo tarde para ir a trabajar. Cosa como esas no son coincidencias necesariamente, y podremos ver la mano de Dios obrando en ella si tan solo prestamos atención.
- Mantenga un diario para registrar sus necesidades de oración y luego las respuestas y avances, o un cuaderno de gratitud solo para escribir las cosas por las que está agradecido.

¡Comparta con los demás lo que Dios está haciendo en su vida! No importa si con cosas grandes o pequeñas;

rememorar es vital para mantener la esperanza, y esas cosas pueden ayudar a recordarle.

Cuando nos enfocamos en cuán sorprendente es Dios, y todas las cosas maravillosas que Él ha hecho, está haciendo e incluso que hará en su vida, su reacción natural será ¡estar maravillado! Nunca se permita a sí mismo acostumbrarse al amor y la misericordia de Dios en su vida; esos son grandes bendiciones y son suficientes para mantenernos maravillados mientras vivamos.

El privilegio de confiar en Dios

A lo largo de este libro, hemos hablado acerca de muchas maneras diferentes para ayudarle a disfrutar la vida que Jesús vino a darle. Hemos cubierto temas tan prácticos como el manejo del tiempo y tan profundos como confiar en Dios en cada situación de la vida.

Dios quiere ayudarnos…Él nos ama…somos sus hijos. Sin embargo, él no nos impondrá su ayuda en ningún momento. Él nos ve cuando luchamos tratando de atravesar situaciones por nosotros mismo, y estoy segura de que eso lo entristece, porque todo lo que tenemos que hacer es pedirle ayuda a él. Dios me enseñó esta verdad de una manera que nunca olvidaré.

Dave, mi esposo, es alto. Y yo…bueno, no tan alta. Tenemos una ventana realmente alta sobre el lavadero de la cocina, en nuestra casa. Cuando esa ventana está abierta, no hay manera de que yo pueda cerrarla sin gran dificultad. Pero, ¿cómo cree usted que se sentiría Dave si yo saliera de la casa corriendo para pedirle al vecino que venga y me cierre la ventana? ¿O qué tal si trato de hacerlo yo misma, esforzándome y estirándome, quizá subiéndome en el mostrador, botando cosas posiblemente, agotándome…cuando

Dave ha estado sentado allí todo el tiempo? Eso realmente sería ofensivo para él.

De la misma forma, ¿cómo cree usted que Dios se siente cuando nos ve acudiendo a otros por ayuda o luchando innecesariamente por hacerlo nosotros mismos? Creo que Él está atribulado, porque no quiere ver a sus hijos lastimados. Con cualquier problema que enfrente, Dios está allí, esperando a que usted, sencillamente, *pida ayuda*.

Así que cualesquiera que sean los cambios que haya sido inspirado a hacer a través de las páginas de este libro, el proceso hacia una vida nueva, mejor, más disfrutable, es sencillo: (1) humíllese a sí mismo, (2) confíe en Dios y pida su ayuda y (3) haga lo que sea que Él le pida hacer. Cuando usted siga estos pasos sencillos, estará maravillado de cuánto puede mejorar su vida.

Muchas veces, vemos el confiar en Dios tan simple como algo que debemos hacer o tenemos que hacer, pero en realidad la invitación para confiar en Dios es un gran privilegio y algo que, con seguridad, debería maravillarnos. Estoy maravillada de que tengo a Dios de mi lado, y que Él todo lo puede, en cualquier parte, y nada es imposible para Él. Estoy segura que usted siente lo mismo, al menos así será si se toma el tiempo para pensarlo.

Usted no está solo, no está indefenso, Dios tiene un plan y aunque usted haya pecado, Él lo limpiará y le ayudará sin reproches ni críticas. Tiene el gran privilegio de llevarle cualquier problema a Él en cualquier momento sabiendo que Él escucha, que le importa y que ¡está listo para ayudar!

Respecto a uno de mis problemas, lo he dicho muchas veces en mi vida: "Bueno, he hecho todo lo que sé hacer, supongo que todo lo que puedo hacer ahora es confiar en Dios". Quizá usted haya dicho lo mismo. En realidad, decir eso es realmente terrible y muestra cuánta poca fe tenemos muchas veces. De ahora en adelante digamos: "tengo un problema y tengo la bendición de poder confiar en Dios para que me ayude con eso. Echo toda mi carga sobre Él y Él cuida de mí. Esperaré en Él y haré cualquier cosa que Él me muestre, y confiaré en que Él me dará la fortaleza y la capacidad para hacerlo".

Nuestros días malos no durarán mucho tan pronto aprendamos a confiar en Dios en cada situación y ¡hacerlo sin demora! Quizá tengamos dificultades, pero nuestra esperanza y fe en Él serán más que suficientes para que las atravesemos y para ayudarnos a salir de ellas en ¡victoria total!

Así que hoy, levante su rostro y sonría. Dios es maravilloso y ¡Él es su Dios!

Lo que debe recordar:

- La forma en que Dios quiere que viva es: atónito, inspirado y maravillado.
- Hay dos cosas que pueden maravillarlo día tras día si las ve: (1) la grandeza de Dios y (2) el privilegio de confiar en Dios.
- Cuando usted reconoce a Dios por quien Él es, se dará cuenta de lo que Él puede hacer en su vida.
- Confiar en Dios es un privilegio, no una obligación.
- Dios quiere ayudarnos…Él nos ama…somos sus hijos. Todo lo que tenemos que hacer es pedir.

Sugerencias para poner en práctica "Maravillarse"

- Salga y propóngase buscar por lo menos tres cosas que Dios ha creado o le ha dado que son "increíbles". Deje de hacer lo que está haciendo y agradézcale por cada una de esas cosas.

- Haga un estudio bíblico, encuentre versículos que describen el poder, el esplendor y la majestad de Dios. Escriba alguna de esas cosas y colóquelas en la puerta de su refrigerador o en otro lugar en donde las vea constantemente. Permita que le recuerden la increíble grandeza de Dios.

- Haga una lista de las cosas de este libro que desea hacer para "hacer cada día mejor". Ahora, antes de hacer algo más, pídale a Dios que le ayude a hacerlo en *la fuerza de Dios*, no en la suya.

¿Tiene una verdadera relación con Jesús?

¡Dios le ama! Él lo creó para ser especial, singular, una persona única en su género y Él tiene un propósito y plan específico para su vida. A través de una relación personal con su Creador, Dios, usted puede descubrir un camino de vida que satisfará verdaderamente su alma.

No importa quién es usted, qué ha hecho o en dónde está en su vida ahora, el amor y la gracia de Dios son más grandes que su pecado, sus errores. Jesús gustosamente dio su vida por usted y puede recibir el perdón de Dios y tener una nueva vida en Él. El solo espera que usted le invite a ser su Salvador y Señor.

Si está listo para comprometer su vida a Jesús y desea seguirlo, todo lo que tiene que hacer es pedirle que lo perdone por sus pecados y que le dé la oportunidad de empezar de nuevo en la vida que debe vivir. Empiece haciendo esta oración...

> *Señor Jesús, gracias por dar tu vida por mí y por perdonar mis pecados para que pueda tener una relación personal contigo.*
>
> *Sinceramente me arrepiento de los errores que he cometido, y sé que necesito que me ayudes para vivir de forma correcta.*
>
> *Tu Palabra dice en Romanos 10:9: "que si confieso con mi boca que Jesús es el Señor, y creo en mi corazón que Dios me levantó de entre los muertos, seré salvo" (NVI). Creo que eres el Hijo de Dios y te declaro como mi Salvador y Señor. Tómame como soy, y obra en mi corazón, haciéndome la persona que quieres que sea. Quiero vivir*

para ti, Jesús, y estoy muy agradecido porque me estás dando una nueva oportunidad en mi vida contigo, hoy.

¡Te amo Jesús!

¡Es tan maravilloso saber que Dios nos ama mucho! Él quiere tener una relación profunda, íntima con nosotros, que se desarrolla cada día cuando dedicamos tiempo con Él en oración y estudiando la Biblia. Queremos animarle en su nueva vida en Cristo.

Por favor, visite el sitio joycemeyer.org/salvation para solicitar el libro en inglés de Joyce titulado *A New Way of Living* (Una nueva forma de vida), que es un regalo para usted. También tenemos otros recursos gratuitos, disponibles en línea, para ayudarle en la búsqueda de todo lo que Dios tiene para usted.

¡Felicidades en su nueva vida en Cristo! Esperamos recibir pronto sus noticias.

Joyce Meyer es una de las principales maestras de Biblia en el mundo. Su programa diario: *Disfrutando de la vida diaria*® se transmite a cientos de redes en estaciones de radio y televisión en todo el mundo.

Joyce ha escrito más de cien libros motivacionales. Entre los libros más vendidos están: *Pensamientos de poder, Mujer segura de sí misma, Luzca estupenda, siéntase fabulosa; Empezando tu día bien; Termina bien tu día, Adición a la aprobación; Cómo oír a Dios; Belleza en lugar de cenizas; El campo de batalla de la mente.*

Joyce viaja extensamente participando en conferencias durante el año y compartiendo con miles de personas alrededor del mundo.